광야에도 길은 있다

다시 시작된
사명과
비전의 길

| **정영호** 지음 |

쿰란출판사

광야에도
길은
있다

프롤로그

무너짐은 끝이 아니라 문이었다

그리스도인의 신앙 여정은 하나님께 길들여지는 삶의 전 과정입니다. 여정이 깊어질수록 하나님과의 만남은 더 깊은 순종과 의탁으로 이어집니다. 이 여정 속에서 고백은 삶의 방향과 중심을 바로잡는 나침반과도 같습니다. 신앙의 여정은 고백을 훈련하고 성숙시키는 장이며, 그 고백은 점차 더 깊고 실존적이며 구체적인 형태로 드러납니다.

결국 그리스도인의 신앙 여정은 고백으로 시작되고, 고백으로 유지되며, 마침내 삶 전체가 하나의 고백이 되는 길로 나아갑니다. 고백은 단지 한순간의 진술이 아니라, 매일의 삶에서 그리스도를 따르겠다는 지속적이고 실천적인 응답입니다.

성 어거스틴은 『고백록』에서 자신의 죄와 방황, 회심과 하나님을 향한 갈망을 솔직히 풀어냅니다. 그는 이렇게 고백했습니다.

> "주께서 우리를 당신을 향하도록 창조하셨으니,
> 우리의 마음은 주 안에서 안식할 때까지 쉼이 없습니다."

이 고백은 단순한 자기 고백이 아니라, 하나님의 은혜가 한 인간의 삶 속에서 어떻게 역사하시는지를 보여주는 신앙의 증언입니다. 그의 삶 전체가 하나의 여정이며, 그 여정을 성찰하고 드러낸 것이 바로 '고백'이었습니다.

나 역시 젊은 시절, 국회의원이 되기를 오랫동안 꿈꿨습니다. 정치는 세상을 변화시키는 고귀한 소명이라 믿었고, 젊은 날의 열정과 시간을 국회와 정당 활동에 쏟아부었습니다. 때로는 중심에서, 때로는 주변에서 시대의 흐름 속에 나를 던지며 사명의 길을 걷고 있다고 여겼습니다. 그러나 인생은 늘 뜻대로 흘러가지 않았습니다. 꿈은 컸고, 현실은 냉혹했습니다. 실패와 좌절, 배신 앞에서 나는 무릎을 꿇었습니다. 인생의 가장 깊은 어둠 속에서 비로소 하나님의 손길을 느끼기 시작했습니다. 그분은 내가 모든 것을 포기한 자리에서 나를 부르셨고, 내가 계획한 길이 아닌 예비된 길로 이끄셨습니다.

하나님의 부르심에 순종하여 모든 것을 내려놓고 미국으로 향했습니다. 신학을 공부하며 목회자의 길을 준비했지만, 태평양을 건넜을 때 품었던 기대와 낭만은 현실 앞에서 사치에 불과했습니다. 삶의 자리 자체가 광야였습니다.

하나님은 그 광야에서 철저히 그분만을 의지하게 하셨습니다. 이민 교회에서 수년간 성도들과 함께 울고 웃으며 하나님의 은혜를 배워갔습니다. 이후 하나님은 다시 나를 세상 속으로 보내셨습니다. 방송과 언론, 강연과 저술의 자리를 통해 복음을 전하게 하셨고, 지금은 외교관으로 또 다른 사명을 감당하고 있습니다.

이 책은 그러한 여정을 돌아보며 정리한 신앙 고백입니다. 특별한 업적이나 성취를 자랑하려는 것이 아니라, 평범한 사람의 삶 속에서 하나님께서 어떻게 역사하셨는지를 기록하고자 했습니다. 때로 길은 멀고 돌아가며, 예상치 못한 곳으로 이어지기도 합니다. 그러나 길을 만드시는 하나님(Way Maker)의 부르심은 언제나 각 사람에게 맞는 시간과 방식으로 다가옵니다. 나의 광야 역시 그분의 부르심이 시작된 자리였습니다.

이 책은 그 부르심에 반응한 한 사람의 기록입니다. 비전으로 시작해, 말씀으로 돌아온 여정입니다. 성공이라는 이름으로 이룬 것들이 무너지고 난 뒤에야 보였던 은혜의 얼굴. 그리고 그 은혜가 나를 다시 부르실 때, 비로소 시작된 길.

이 책은 내 인생의 성공담이 아닙니다. 나는 결코 성공한 사람이 아닙니다. 오히려 무너지고 방황하고 쓰러졌던 시간들 속에서, 하나님이 어떻게 나를 다시 일으키셨는지를 고백하는 간증입니다. 정치, 목회, 언론, 외교라는 서로 다른 영역이 하나의 선으로 연결될 수 있었던 것은 오직 하나님의 손길 덕분이었습니다. 그분은 내가 준비되기까지 기다리셨고, 때가 되었을 때 부르셨으며, 지금도 여전히 나를 다듬고 계십니다.

이 글을 읽는 당신이 아직 광야에 있다면, 그곳은 끝이 아니라 부르심이 시작되는 자리일지도 모릅니다. 광야에서 힘들고 지쳐 있다면, 이 고백이 작은 위로가 되기를 바랍니다. 하나님은 지금도 당신을 부르고 계십니다. 그리고 그분의 부르심에는 언제나 뜻이 있습니다.

"하나님의 부르심에는 후회하심이 없느니라"(로마서 11:29).

2025년 무더운 여름

휴스턴에서

차례

제2부 광야의 문을 열며, 무너짐 속에서 다시 들은 하나님의 음성

떠남은 잃음이 아니라 채움이었다

제3부 광야에서 만난 하나님

미국, 낯선 땅에서의 훈련과 순종

제4부 다시 한국, 새로운 부르심의 길에서

길은 내가 만드는 것이 아니라 주어지는 것이었다

제1부

이상이라는 이름의 사다리를 오르며

꿈은 하늘을 보게 하지만, 무너짐은 뿌리를 보게 한다

01

정치라는 이름의 성전에 서다

젊음이란 신전은 언제나 불안정한 제단 위에 세워진다. 나는 그 제단 위에 '정치'라는 이름의 번제를 드렸다. 세상을 바꾸겠다는 이상은 종종 권력이라는 향로 속에서 불타며, 나는 그 연기 속에서 하나님보다 사람을 더 자주 응시했다.

권력이란 무엇인가. 그것은 가장 신성한 이상조차도 타협하게 만드는 묘약이다. 그리고 나는 너무 일찍 그 묘약의 향기를 들이마셨다. 신앙은 교회에만 있는 것이 아니고, 정치도 강단이 될 수 있다는 말은 오만한 것이었다. 그 오만의 끝에서 나는 무너졌고, 무너진 자리에서야 비로소 하나님의 음성이 들렸다. "네가 나를 찾느냐?"

젊은 날, 나는 한 성전 앞에 서 있었다. 그곳은 교회가 아니었다.

예배당의 십자가 대신 국회의 돔이 하늘을 향해 솟아 있었다. 나는 가슴에 노란 신분증 하나를 달고 그 성전의 문턱을 넘었다. 경찰은 나를 향해 거수경례를 했고, 나는 무겁고 정중한 기분으로 돌계단을 올라섰다. 돌담은 냉엄했고, 공기의 무게는 내가 알던 세계와 달랐다.

사람들은 그것을 정치라 불렀지만, 나에겐 하나의 '부르심'이었다. 그것은 단지 권력을 향한 야심이 아니라, 한 인간이 신학의 언어로 던졌던 '정의'라는 질문에 대한 사회적 응답이었다.

신학에서 정치로 건너가는 다리

처음부터 정치인이 되려던 것이 아니었다. 젊은 날 나는 신학도였다. 학교에서 강의를 하고, 제자들의 진로를 상담하며, 강단에 서서 말씀을 전하고, 상처 입은 이들의 이야기를 들어주고, 그들 위에 조용히 손을 얹는 신학자이자 목회자의 삶을 꿈꿨다. 신학은 내게 세계를 다시 읽는 언어였고, 영혼을 해부하고 또 봉합하는 학문이었다.

그러나 영혼을 다루던 손이 어느 날 '정의'라는 단어 앞에 멈췄다. 이 정의는 단순히 개인의 양심에 머무르지 않았다. 거리의 빈곤, 제도의 불의, 민중의 절망 속으로 나를 이끌었다. 나는 묻지 않을 수 없었다. '하나님의 정의는 이 땅에서 어떻게 구현될 수 있는가?' 이 질문은 신학에서 정치로 이어진 다리였다. 나는 그 다리를 건넜다. 나는 정치학을 만났다. 신학의 언어를 넘어 사회와 제도의 언어로 확장되기 시작했다.

대학원에서 정치학을 공부하면서부터 내 인생의 방향은 또 다른 궤도를 그리기 시작했다. 정치는 인간이 함께 살아가기 위해 세운, 가장 복잡하면서도 가장 인간적인 장치라는 사실에 끌렸다. 신학이 인간의 영혼을 돌본다면, 정치는 인간의 삶의 조건을 바꾸는 일이었다. 나는 점점 더 정치의 언어에 익숙해졌고, 정치인의 삶을 꿈꾸게 되었다.

성전 안으로 들어서다

대학원에서 정치학을 전공하고 국회에 들어갔다. 처음에는 국회 운영위원회 인턴으로, 이어 한 국회의원의 비서관으로. 아침이면 가장 먼저 출근했고, 밤이면 가장 마지막으로 불을 껐다. 나는 법안 속의 단어 하나하나를 외웠고, 정책 질의서를 쓰며 밤을 지새웠다. 기자들과의 네트워크, 의원 간의 협상, 당 내부의 균열…. 정치 언어는 단지 논리와 전략이 아니라, 인간의 집합적 욕망과 두려움이 오가는 시장이었다.

그곳에서 나는 배웠다. 신학이 영혼을 다룬다면, 정치는 삶의 조건을 다룬다는 것을. 하나는 인간의 내면을 치유하고, 다른 하나는 인간의 외면을 바꾸는 길이었다. 둘 다 은총의 다른 얼굴이었다. 이 성전 안에서 정치인의 꿈을 키우면서 내 마음은 여전히 이상(理想)을 향하고 있었다. 비록 현실 정치의 벽은 높았고 때로는 회의감에 빠지기도 했지만, 그 시절의 나는 순수했다. 내 나라, 내 민족 그리고 정의로운 사회를 향한 열정이 가슴을 뛰게 했다.

정치인이 되겠다는 꿈은 단순한 야망이 아니었다. 그것은 신학에서 시작한 '정의'라는 개념을 현실에 구현하고 싶다는 열망이었고, 나만이 아니라 우리 모두의 더 나은 삶을 위한 길을 찾고자 했던 진심이었다.

지금, 그 시절을 다시 꺼내며

그 시절 국회는 활활 타오르는 용광로 같았다. 이념이 부딪히고, 지역이 갈라졌고, 세대가 충돌했다. 하지만 그 속에서 나는 정치가 단순히 권력 교환이 아니라, 시대의 서사를 짓는 일임을 알게 되었다. 3김은 그 서사의 작가였고, 나는 그들 뒤에서 조용히 필기를 하던 견습생에 불과했지만, 그들이 남긴 말, 걸음, 선택 하나하나는 내 내면의 꿈을 단단히 세워주었다.

지금 나는 정치인이 아니다. 그러나 젊은 날 나는 세상을 바꿀 수 있다고 믿었다. 정의와 이상 그리고 열정이 있다면 어떤 벽도 넘을 수 있다고 확신했다. 그 시절의 나는 인생이라는 신전 앞에 서 있었다. 그 신전의 이름은 성공이었다. 나는 그 신전의 문턱에서 수많은 사람과 경쟁했고, 때로는 이기고, 때로는 쓰러졌다. 그러나 무엇보다도 그 신전은 내 안의 야망을 끊임없이 부추겼다. 정치의 길에 들어섰을 때 나는 그것을 '부르심'이라 믿었다.

세상을 바꾸는 일, 사람을 살리는 일, 나라를 새롭게 하는 일–그 모든 것이 하나님께서 내게 주신 소명이라 생각했다. 그러나 돌이켜 보면, 그 믿음은 어쩌면 '명분'으로 포장된 욕망이었는지도 모른다. 나는 '하나님의 영광'이 아니라, '내 이름의 영광'을 구하고 있었다.

02

세속의 제단 위에 올려진 나의 젊음

정치는 늘 사람의 소리를 먹고 자란다. 국회 복도에는 늘 그런 소리들이 굴러다녔다. 구두 뒤축이 닳는 소리, 커피 잔 부딪히는 소리, 누군가의 야망이 덜컥 문을 열고 들어오는 소리. 그 소음 속에서 나는 종종 혼자가 되었다. 마치 땀으로 전 옷을 껴입고 순백의 성소에 들어선 듯, 어쩐지 나는 그곳에서 이물질 같았다. 이상과 현실, 정의와 권력, 꿈과 타협이 뒤엉켜 끝없이 요동치는 거대한 거미줄 속에 나 자신이 걸려 있음을 깨달았다.

권력과 이상 사이의 그늘

나는 신학도로 자라났다. 세상은 선악의 대화였고, 진리는 늘 질문의 다른 얼굴이었다. 그러나 국회는 달랐다. 국회에서 마주한 현실은 훨씬 더 복잡했다. 이상은 먼 산 너머에 있는 빛나는 별 같았고,

권력은 눈앞에 놓인 차갑고 무거운 쇠사슬 같았다. 정의는 거래되었고, 이상은 전술의 배경음악이 되었다. 정치는 믿음의 논리로는 읽히지 않는, 너무나 사람 냄새 짙은 학문이었다.

어느 날, 중요한 법안 심사가 진행되던 회의실. 의원들은 표정을 숨긴 채 이해관계의 줄다리기를 벌였다. 법안 심의실의 침묵을 깬 한 의원의 낮고 단호한 음성이 내 귀를 관통했다. 그의 말은 정의를 이야기했지만, 눈빛은 이해관계의 설계도를 따라 움직이고 있었다. 그날, 나는 내 안의 어떤 빛이 꺼지는 소리를 들었다. 신념은 유리창 같았고, 권력은 그 위에 떨어진 돌멩이 같았다. 금이 갔다. 그러나 산산이 부서지지 않았다. 금은 남았고, 나는 그 금을 안고 살아야 했다. 여기서는 순수한 정의만으로는 아무것도 이뤄지지 않는다는 사실을 뼈저리게 느꼈다. 권력은 곧 현실이고, 그 현실에서는 이상도 때로 희생될 수밖에 없었다.

나는 그 순간 내 가슴속 깊은 곳에서 무언가가 갈라지는 소리를 들었다. '정치는 타협이다'라는 말이 '목적을 위해 정의롭지 못한 수단을 써서는 안 된다'는 내 신념과 부딪쳤다. 무엇을 선택해야 하는가? 이상을 굽히고 권력의 논리에 순응할 것인가, 아니면 현실의 벽 앞에서 무너질 것인가.

한편으로는 그 권력의 무게에 끌렸다. 권력이 있어야만 세상을 바꿀 수 있다는 것을, 그 힘 없이는 진정한 변화를 꿈꿀 수 없다는 것을 알았다. 그러나 그 권력이 내 안의 이상을 짓누르는 순간, 나는 고통스러웠다.

정치는 현실이다

그 말은 마치 알 수 없는 계시처럼 내게 다가왔다. 그러나 그 현실이란 때로는 거룩을 비웃는 능글맞은 얼굴이었다. 순수는 그 앞에서 흔들렸고, 이상은 자주 침묵을 강요받았다. 그 틈에서 나는 물었다. '나는 무엇을 향해 걷고 있는가? 하나님은 이 정글에서도 나를 부르고 계신가?'

밤이면 의원회관의 불 꺼진 창가에 홀로 섰다. 멀리 흐르는 올림픽대로의 불빛은 마치 흩어진 기도문 같았고, 영등포의 네온사인은 시대의 속삭임 같았다. 나는 그 빛 속에서 내 그림자를 보았다. 이상과 권력 사이에서 흔들리는 젊은 정치인의 초상. 그리고 알았다. 내가 헌신한 것은 단지 국가가 아니라, 내 청춘이었다. 세속의 제단 위에 나는 내 젊음을 눕히고 있었다.

그 시절 나는 알았다. 정치란 빛과 그림자가 공존하는 세계라는 것을. 그리고 그 긴장을 품고 나아가는 것만이 진정한 길임을. 내 가슴속 이상이 언제나 바람에 흔들리는 촛불이라면, 권력은 그 촛불을 지키기 위한 바람막이일지도 모른다는 생각.

그렇게 나는 흔들렸다. 그러나 그 흔들림 속에서 나의 길을 찾고 싶었다. 이상을 잃지 않으면서도 권력의 바다를 헤쳐나가는 법을 배우고 싶었다. 그 간극에서 나는 내 꿈의 윤곽을 다시 그려나가기 시작했다.

높은 꿈과 깊은 부름 사이에서

나는 젊었다. 그리고 야망이 있었다. 세상의 중심이라 여겼던 국회에 첫발을 디뎠을 때, 가슴은 뜨거웠고 눈은 별처럼 빛났다. 국회의원 비서관으로 시작해 보좌관을 거쳐 역대 최연소 국회부의장 비서실장(1급)이라는 자리까지, 다른 사람들보다 더 빠르게 성장했다. 마치 정해진 길 위를 걷는 듯 전진했고, 그 길 끝에는 국회의원 명패가 기다리고 있는 듯 보였다. 사람들은 나를 부러워했다. "저 친구는 틀림없이 국회의원이 될 사람이다." 그런 말은 내게 달콤한 미래의 확약처럼 들렸다.

나는 하루하루를 전략과 의지로 채워 나갔고, 무대 뒤에서 나라의 방향을 다듬는 일에 손을 얹었다. 회의실에서, 의원실에서, 법안의 조항 속에서 그리고 대정부 질문서 속에서 이름 없이 세상을 움직이는 손길이 되고자 했다. 나는 기획서를 쓰고, 입법 전략을 짜고, 정치의 음성과 기류를 번역하는 사람으로 자랐다.

그러나 그 모든 시간 속에서도 내 마음 깊은 곳에는 신앙이라는 또 하나의 중심이 자리를 잡고 있었다. 나는 주일이면 어김없이 교회로 향했다. 때로 성경을 읽고 기도를 하면서 하나님의 뜻과 나의 뜻 사이에서 균형을 잡으려 애썼다. 정치라는 높은 꿈과 신앙이라는 깊은 부름 사이에서 나는 줄타기를 하고 있었다. 나는 두 세계 사이에서 바람에 흔들리는 현수막 같았다.

겉으로는 모든 것이 완벽했다. 자리를 얻었고, 영향력이 있었으며, 삶은 반듯해 보였다. 하지만 내면에는 늘 조용한 질문 하나가 자리하고 있었다.

"이 길의 끝에, 네 영혼은 만족하겠느냐?"

그 질문은 종종 기도 중에, 회의실의 침묵 속에서 다가왔다. 신앙은 내게 축복이자 경고였다. 하나님께 드리는 예배 속에서도, 세상의 일정을 조율하는 순간에도, 나는 늘 내 길이 하나님께 드려진 길인지 되묻곤 했다.

국회에서의 12년은 나를 높여주었지만, 동시에 깊이 묻어버렸다. 높이 올라갈수록 나를 비추는 하늘빛은 멀어졌고, 나는 내 영혼의 기슭을 찾아 더 깊은 강 밑으로 잠수해야 했다. 성취, 존경, 영향력, 인간적인 보람. 하지만 아이러니하게도 그 길을 걸을수록 내가 누구인지, 하나님이 나에게 바라시는 것이 무엇인지를 더 깊이 묻지 않을 수 없었다. 사람들의 찬사 속에서도, 나는 더 본질적인 부름에 대해 고민하게 되었다.

정치의 무대와 신앙의 골방

정치는 화려한 무대였다. 박수와 환호, 경쟁과 드라마, 언론의 조명과 여론의 파도. 내 이름이 직접 드러나지 않아도, 나는 그 무대의 숨결을 가까이서 느꼈다. 그러나 신앙은 무대 밖의 그늘에서 나를 부르고 있었다. 사람의 박수가 없는 자리, 오직 하나님의 침묵만이 깊게 울리는 자리. 그곳은 좁고 낮았지만 왠지 모르게 그리웠다.

무대에 쳐진 커튼 뒤가 아니라, 골방의 기도 자리에서 내가 누구인지, 무엇을 위해 뛰는지 다시 묻게 되었다. 세속의 제단에 바쳐진 젊음 그러나 헛되지 않았던 시간을 돌아보며 깨닫는다.

내 젊음은 분명 세속의 제단 위에 올려져 있었다. 그러나 그것은 헛된 제물이 아니었다. 그 제단은 내 야망을 태웠고, 동시에 나의 소명을 드러냈다. 그곳에서 나는 '나라를 세우는 일'과 '영혼을 세우는 일'이 얼마나 다른지 배웠다.

정치는 나를 단련시켰다. 세상과 씨름하는 법을, 부르심의 무게를 견디는 법을 가르쳐 주었다. 내게 정치란 '세상과 씨름하며 부르심의 무게를 견디는 연습'이었다. 사람들에게는 승진이었지만, 하나님 앞에서는 단련이었다. 나는 아직도 그 여정을 걷고 있다. 빛과 그림자의 경계, 이상과 현실의 모서리, 소명과 야망의 십자로 위에서. 그리고 꿈과 부르심 사이에서, 세상과 믿음 사이에서, 나는 끊임없이 길을 묻고 있다.

그러나 확실한 것이 있다. 나는 세속의 제단 위에 젊음을 바쳤지만, 그것은 헛된 희생이 아니었다. 그것은 하나님께서 내게 보여주신 '사명의 무게'와 '소명의 깊이'를 배우는 시간이었고, 내 신앙 여정은 인생의 강줄기에서 깊게 굽이치는 한 물결이었다. 그것은 '누구의 나라'를 섬길 것인가를 배운 시간이었다. 이제야 조금 이해한다. 하나님이 내게 정치를 통해 보여주신 것, 그것은 다름 아닌 사명의 실루엣이었다.

그 시절 하나님께서 내게 묻고 계셨던 것은 단 하나였다.
"너는 누구의 나라를 섬기겠느냐?"

내 젊음은 그 질문을 배운 시간이었다.
아름답고도 아팠지만 분명 은혜의 시간이 있었다.

03

불꽃처럼 살았으나,
재처럼 무너지다

불꽃은 빛난다. 그러나 오래가지 않는다. 대통령 선거 캠프는 내 청춘의 가장 뜨거운 시간이었고, 가장 덧없는 밤이기도 했다. 열정은 헌신으로 보였고, 열광은 확신처럼 느껴졌다. 그러나 환상이었다. 패배의 밤, 카메라 플래시는 꺼졌고, 연단 위에 남은 것은 조용히 울고 있는 몇 사람과 말없이 주저앉은 나였다.

그날 밤, 세상이 끝난 것 같았지만 끝난 것은 세상이 아니라, 내가 쥐고 있던 헛된 영광이었다. 신앙은 실패의 끝에서 피어난다. 그리고 나는 울음으로 기도하는 법을 그날 밤 배웠다.

정치라는 불길 속으로

인생에는 '무대'와 '무너짐'이 공존한다. 우리는 무대를 꿈꾸며 달리고, 어느새 그 무대가 인생의 전부가 된 줄 착각한 채 살아간다. 그러나 진정한 무대는 조명이 꺼졌을 때 비로소 드러난다. 2002년, 나에게 정치란 인생의 무대였고, 나는 그 한가운데를 향해 돌진하고 있었다. 아니, 정확히 말하자면 '돌진하게 두었다'. 내 안의 야망이, 성공에의 갈망이 그리고 이름 없는 목마름이 나를 몰아붙였다.

2002년 봄, 나는 인생의 중요한 갈림길에 서 있었다. 한나라당 상근 부대변인으로 영입되며, 정치를 향한 오랜 갈망이 현실로 다가오는 듯했다. 12년간 국회에서 수석 보좌관으로, 국회부의장 비서실장으로 몸담았던 나날은 무대 뒤 리허설일 뿐이었다. 드디어 막이 오르고, 나는 무대 중앙으로 나가고 있었다.

선거 캠프 언론 담당. 캠프는 전쟁터였다. 한편으로는 신뢰의 최일선, 다른 한편으로는 폭풍의 눈이었다. 매일 새벽 눈을 뜨면 하루치 전투가 시작되었다. 지면 기사, 방송 인터뷰, 기자단과의 식사 일정, 후보 메시지 전달, 논평 작성, 기자들 전화 응대…이 모든 것을 하나의 실수 없이 소화해야만 했다. 나는 중앙 언론을 상대로 당을 대표해 메시지를 설명하고, 후보의 의도를 대변했다. 그 열기 속에서 나는 살아 있었다.

나는 정치의 중심부에 있는 듯한 기분이었다. 거침없이 돌아가는 선거전의 톱니바퀴 안에서 빠르게 적응해갔다. 자부심도 컸다. 기자들은 내 휴대전화 번호를 외웠고, 선거 상황실에서는 "그건 부대변인님한테 확인해야죠"라는 말이 익숙해졌다. 사람들은 내게 말했다. "이제 곧 청와대 가시겠어요." 나는 웃었고, 내 안에서는 더 뜨거운 희망이 타올랐다. 청와대 비서관 그리고 국회의원. 좌측 가슴 위에 금배지가 올려질 순간이 눈앞에 있는 듯했다. 그것은 '꿈'이 아니라 '확신'이었다.

그러나 문제는 그 확신이 하나님으로부터 온 것이 아니었다는 데 있었다. 내가 섬긴 것은 성공이라는 이름의 '신'이었다. 나는 시간과 열정을, 관계와 정체성을 그 신 앞에 바쳤다. 언론과의 한마디, 후보의 한 문장에 나의 하루가 흔들렸고, 비평과 칭찬 한 줄에 나의 자존감이 오르내렸다. 신앙은 뒷전으로 밀려났고, '헌신'이라는 이름 아래 포장된 내 야망은 점점 커졌다.

그 시절, 나는 믿었다. 이번에는 이길 수 있다고. 아니, 반드시 이겨야 한다고. 후보는 지지율 면에서도 경쟁력이 있었고, 선거 캠프의 분위기 역시 나쁘지 않았다. 누가 봐도 나는 유력 대선 캠프의 언론 담당 실무자로 잘 자리 잡고 있었다. 기자들과 식사도 자주 했다. 내 돈을 들여 밥을 사고 술을 사고, 때로는 비공식적인 뒷얘기를 나누며 신뢰를 쌓았다. 그들에게는 내가 '당의 얼굴'이었고, 나는 그 신뢰가 곧 정치적 자산이 되리라 믿었다. 하지만 그렇게 헌신하면 할수록, 마음 한구석이 서늘해져 가는 것을 느끼지 못했다.

나는 야망을 품었다. 그것이 죄라는 인식조차 없었다. 아니, 죄가 아니라 성취를 위한 당연한 자세라고 여겼다. 나는 '헌신'이라는 이름 아래 정치라는 신 앞에 제물을 바쳤다. 시간, 건강, 관계, 심지어 신앙까지도.

불꽃처럼 타오른 그날 밤, 눈물로 무너진 꿈

그날을 기억한다. 12월 19일 밤. 나는 당사 주변 한 음식점에서 가깝게 지내는 정치부 기자들과 저녁 식사를 하면서 TV 화면을 바라보고 있었다. 출구조사 결과가 나왔고, 이어지는 개표 방송은 점점 그 방향으로 굳어져 가고 있었다. 실낱같던 희망이 점점 사그라들었다. 급하게 식사를 마치고 당사 대강당에 준비된 개표상황실로 갔다. 이미 내부 통신망에 각 지역별 판세 보고가 올라왔고, 대다수 선대위 간부들은 말이 없었고 얼굴이 굳어 있었다. 불꽃은 패배의 밤에 꺼졌다.

2002년 12월 19일 자정 가까운 시간. 후보의 패배 연설이 울려 퍼지던 그 밤은, 내 생애 가장 긴 밤이자 가장 조용한 밤이었다. TV 화면 속에서 '끝'이 선고되었고, 개표상황실의 공기마저 무거웠다. 후보는 마이크 앞에서 국민에게 고개를 숙였고, 내 심장은 조용히 무너졌다. 나는 손끝의 감각조차 잃고 있었고, 입술은 말라붙었다.

눈물이 흘렀다. 패배 때문이 아니었다. '무너짐'이 드러낸 본질 때문이었다. 감정은 복잡했다. 실망, 분노, 허탈감, 후회 그리고 이상하리만큼 묘한 평온함. 어쩌면 이미 알고 있었는지도 모른다. 내가 그토록 헌신해 온 시간들이, 사실은 하나님이 아니라 나 자신을 위한 것이었다는 사실을. 인정받고 싶었던 갈망, 이루고자 했던 성공, 높아지려는 욕망이 나의 중심이었다는 사실을. 그 많은 노력 속에서 신정한 평안이 없었다는 것을. 세상이 주는 박수 소리에 스스로 취하며, 허상 위에 정체성을 쌓아왔다는 것을.

무너짐 속에 드러난 진실

사람은 무너질 때 비로소 자신을 본다. 성공의 길 위에서는 자신을 속일 수 있다. 그러나 실패 한가운데에서는 거짓말조차 부질없어진다. 그날 이후 나는 긴 침묵의 시간을 보냈다. 말이 의미 없어지고, 세상의 소음이 소음으로만 들리게 된 시간.

그날 밤 나는 삶 전체가 무너지는 소리를 들었다. 13년간 걸어온 국회의 길, 언론과 정치인들과 쌓아온 모든 관계, 세심하게 짜 맞춘 내 정치 인생의 퍼즐, 그 모든 것이 눈앞에서 무너져 내렸다.

그리고 그 무너짐 속에서, 내면의 깊은 공허가 모습을 드러냈다. 가장 절박했을 순간, 나는 기도하지 않았다. 가장 필요한 위로의 밤, 나는 하나님을 찾지 않았다. 그 자리에 있었던 것은 명예를 갈망하는 마음, 인정받고자 하는 욕망뿐이었다. 나는 주님을 잃어버린 줄도 모른 채 세상 중심에서 성공이라는 신을 숭배하고 있었던 것이다.

그제야 내 안에 광야가 있는 것을 보았다. 광야는 텅 빈 장소가 아니다. 광야는 하나님과 나 사이를 가로막고 있던 세상의 먼지들이 모두 털려 나간 자리다. 그곳에서 나는 묻기 시작했다.

'나는 누구를 위해 그렇게 살았던가?'

'내가 얻고자 했던 성공은 진정 누구를 위한 것이었나?'

'그리고 그 모든 시간 동안, 나는 하나님을 얼마나 기억했는가?'

그 물음은 인생의 재를 뒤집는 손길이었다. 불꽃은 사라졌지만, 그 잿더미 속에서 다시 시작할 수 있었다.

인간은 늘 '불꽃처럼 타오르고, 재처럼 가라앉는' 존재다. 그러나 신앙은 그 잿더미에서도 새로운 생명을 길어 올리는 힘이다. 내가 무너진 그 밤, 하나님은 처음으로 나를 보게 하셨다. 모든 것이 끝난 듯한 그 밤에 모든 것이 시작되었던 것이다.

04

눈물 한 방울로 들은 하나님의 음성

눈물이 눈에만 맺힐 때, 그것은 슬픔이다. 그러나 눈물이 마음까지 적실 때, 그것은 부르심이 된다. 나를 무너뜨린 것은 세상의 평가가 아니었다. 내가 붙들었던 것들이 사실은 아무것도 아니었음을 깨닫게 된 그 순간, 나는 처음으로 '하나님'을 불렀다.

패배한 정치인의 눈에는 낙심이 맺히지만, 소명을 깨달은 영혼의 눈에는 은혜가 고인다. '하나님의 시간표'라는 말이 있다. 그날 밤, 나는 그 시간표 한 귀퉁이에 내 이름이 적혀 있었음을 알게 되었다. 그리고 이제 안다. 눈물은 하나님의 음성을 번역하는 가장 깊은 언어라는 것을.

무너진 자리에서 들린 말씀

사람은 언제 가장 진실해지는가. 아마도 모든 것이 무너지고, 말조차 잃은 그 침묵의 자리에 섰을 때일 것이다. 나는 그 자리에 있었다. 나의 야망은 멀쩡한 외양 아래서 이미 부서지고 있었고, 화려한 계획들은 잔해처럼 흩어져 있었다.

사람들은 떠났고, 빛은 꺼졌다. 책상 위에 남겨진 명함과 캠프 벽에 붙은 사진들은 마치 흘러간 영광의 유물처럼 나를 조롱했다. 그때, 나는 무너졌다. 그러나 신비롭게도 바로 그 무너진 자리에서 하나님은 조용히 말씀하셨다. 그분은 꾸짖지 않으셨다. 책망 대신 침묵으로, 채찍 대신 시선으로 나를 감싸셨다. 한없이 따뜻한 그 시선 앞에서 나는 모든 핑계를 내려놓고, 그저 한마디 속삭였다. "주님, 늦었습니다. 그러나 돌아왔습니다." 눈물은 말보다 먼저 흘렀다. 그 눈물 속에서 말씀 한 구절이 뚜렷이 떠올랐다.

> "사람이 만일 온 천하를 얻고도 자기 목숨을 잃으면 무엇이 유익하리요"(마가복음 8:36).

그 말씀은 내 지난 삶을 예리하게 관통했다. 나는 천하를 얻고자 했다. 명예, 인정, 권력—그 모든 것이 내 손 안에 들어오길 바랐다. 그러나 그것을 좇는 동안 내 안에 있던 생명의 숨결을 잃고 있었던 것이다. 말씀이 칼처럼 내 영혼을 찔렀고, 동시에 고요한 평안으로 감쌌다. 그것은 고발이 아니라 회복의 시작이었다.

정치는 도전이었고, 내 사명이라고 믿었다. 그러나 그 사명은 점차 주님의 뜻이 아닌 나의 계획으로 덧칠되었다. 나는 믿음으로 시작했지만, 믿음을 잊은 채 속도를 높였다. 신앙은 내 열정의 중심이 아닌, 장식처럼 뒤따랐을 뿐이다. 그 무너짐은 내가 지은 집이 모래 위에 세워졌음을 드러내는 은혜의 순간이었다.

예수께서 말씀하셨다.

> "그러므로 누구든지 나의 이 말을 듣고 행하는 자는 그 집을 반석 위에 지은 지혜로운 사람 같으리니"(마태복음 7:24).

그러나 나는 반석이 아닌 모래 위에 집을 지었다. 정교한 전략과 탄탄한 관계망, 언론과의 긴밀한 유대 그리고 당의 신뢰까지—모두가 나를 지탱해 줄 것 같았지만, 그것들은 비가 오고 바람이 불자 한 순간에 쓰러지고 말았다.

놀랍게도 그 쓰러짐은 끝이 아니었다. 그 무너짐이야말로 주님이 나를 다시 세우시려는 준비 과정이었다. 하나님은 패배의 그림자 뒤에 숨어 계셨고, 내 눈물이 마르기 전 말씀으로 다가오셨다. 말씀이 나를 붙들었고, 나는 그 자리에서 비로소 진짜로 주님을 찾고 또 찾았다.

눈물은 약함의 표식이 아니었다. 그것은 내 영혼이 하나님을 향해 열린 통로였다. 그 한 방울의 눈물이 땅에 떨어질 때, 말씀이 그 자리에 씨앗처럼 뿌려졌다. 그 눈물로 나는 하나님의 음성을 들었다. 정적 속에서 울려 퍼진 그 말씀은, 내 인생의 방향을 되돌려 놓은 은혜의 음성이었다. 하나님은 실패 가운데서도 나를 버리지 않으셨다. 오히려 실패를 통해 내 마음의 중심을 드러내셨고, 그 중심을 다시 그분의 반석 위에 놓으셨다.

그때 비로소 나는 깨달았다. 내가 지은 집은 모래 위에 세워진 것이었다. 그럴듯한 위치, 빼어난 말솜씨, 기자들과의 유대, 당의 신뢰… 그 모든 것은 모래였다. 그리고 주님은 그 집이 무너지도록 허락하셨다. 그 무너짐을 통해 나를 다시 부르시기 위함이었다. 하나님은 패배의 순간에도 말씀으로 임재하셨고, 그 말씀이 나를 무너짐 속에서도 붙들어 주셨다. 그것은 벌이 아니라 초대였다. 다시, 그분과 함께 시작하라는 부르심이었다.

이제 나는 안다. 하나님 없는 성공은 모래성과 같고, 하나님의 음성이 없는 계획은 방향 없는 배와 같다는 것을. 그래서 나는 다시 기도한다. 성공을 구하기보다 주님의 뜻을 구하게 해달라고. 사람의 인정을 좇기보다 주님의 시선을 사모하게 해달라고. 세상이 주는 찬사를 듣기보다 하나님의 말씀을 다시 들을 수 있는 귀를 달라고.

다시 피어난 은혜

정치 한복판에서도 기독교인이라는 사실을 의식적으로 숨기거나 무시한 적은 없었다. 그러나 신앙은 내 야망의 장식에 불과했다. 주님은 나의 중심이 아니었다. 그저 '도와주셔야 할 분' 정도로 머물러 있었다. 말씀은 칼처럼 내 마음을 찔렀고, 동시에 따뜻하게 감싸주었다. 마치 주님이 이렇게 말씀하시는 듯했다.

"너는 나 없이도 잘할 수 있다고 생각했구나."

"하지만 나는, 네가 나 없이는 아무것도 아님을 알게 되길 원했다."

"그래야 너를 다시 세울 수 있으니까."

그 순간, 내 안의 무엇인가가 무너지고, 동시에 다시 세워지는 것을 느꼈다. 나는 더는 내 힘으로 설 수 없다는 사실을 받아들였고, 그 무너짐에서 처음으로 '주님이 진짜 필요하다'는 고백이 터져 나왔다. 그날 밤의 눈물은 아픔이자 동시에 은혜였다. 그 눈물이 흘러야 비로소 말씀이 내 심령에 스며들 수 있었기 때문이다.

나는 그날, 주님께 이렇게 고백했다. "주님, 이제야 알겠습니다. 저는 귀가 열리기를 기다렸지만, 주님은 제 눈에서 흘러나오는 것들을 보고 계셨습니다. 저는 말로 기도하길 원했지만, 주님은 침묵 속의 탄식을 듣고 계셨습니다."

그 눈물 한 방울은, 사실 아주 오랜 기도의 결정체였다. 말이 되지 못한 날들의 탄식, 스스로도 설명하지 못한 좌절, 혼자 끌어안고 있던 죄책감과 열등감 그리고 외로움…그 모든 것이 눈물로 증류되어 떨어졌을 때, 하나님은 그 작은 방울 속에서 나의 영혼을 읽으셨다.

이제 나는 그 눈물을 두려워하지 않는다. 오히려 가끔 그 눈물이 그립다. 세상의 말들이 너무 시끄러워질 때, 내 생각이 내 믿음을 덮어버릴 때, 다시 눈물로 돌아가고 싶다. 그 속에서 들었던 하나님의 속삭임을 기억하고 싶다.

눈물은 약함이 아니다. 믿음의 가장 진실한 형태다. 그 눈물이 흘러야만, 주님의 말씀이 우리의 심령에 스며든다. 눈물은 하나님의 언어다. 그 언어를 통해, 나는 다시 살아난다. 그리고 오늘도 기도한다. 주님, 제가 다시 눈물을 흘릴 수 있게 해주십시오. 그 눈물로 저를 다시 주님께로 이끄소서. 눈물 속에서 들었던 그 음성, 다시 듣게 하소서.

오늘도 그때의 눈물을 기억하며 산다. 눈물 한 방울에서 시작된 그 음성은 오늘도 내 안에 살아 있다. 그것은 더 이상 부끄러운 기억이 아니다. 오히려 참된 생명을 다시 품은 출발점이었다. 그 무너진 자리에서, 하나님은 나를 다시 세우셨다. 이제는 주님 안에서 성공하고 싶다. 세상의 기준이 아니라, 은혜의 기준으로 살아가고 싶다. 그 무너진 자리야말로 하나님의 은혜가 다시 시작된 가장 깊은 자리였음을, 나는 오늘도 고백하며 살아간다.

05

하나님의 시간표 안에서

그날, 나는 무너졌다. 성공이라는 이름으로 세운 탑이 무너지고, 사람들의 말이 메아리처럼 떠다니는 공간 속에 홀로 앉아 있었을 때, 나는 모든 것을 잃은 것 같았다. 그러나 바로 그 자리, 눈물 한 방울이 떨어진 그 밑바닥에서 하나님의 음성이 들려왔다. 말씀이 아니라, 침묵이었다. 꾸짖는 외침이 아니라, 기다림이었다. 다 타버린 꿈 위에 주님의 시선이 머물렀다. 그 시선 하나로, 내 영혼은 따뜻해졌다. 그때 처음으로 깨달았다. 내가 만든 길이 아니라, 하나님이 예비하신 길이 있다는 것을.

국회라는 공간은 단지 정치의 전장이 아니었다. 그곳은 내 이상이 숨 쉬던 장소였고, 하나님이 보내신 훈련소였다. 나는 젊은 날, '정치'를 꿈꿨다기보다 '정의'를 꿈꾸었다. 법이, 말이, 제도가 사람을 살릴 수 있다는 신념을 품고, 십수 년을 달려왔다. 입법 보좌관에서 시작해 국회부의장 비서실장에 이르기까지, 나의 이력은 빠르게 오르막을 그렸다. 사람들은 '성공했다'고 말했다.

그러나 나는 알았다. 그 자리는 내가 오르기 위해 애쓴 곳이 아니라, 하나님께서 일하도록 허락하신 자리였음을. 하나님은 나의 야망을 꺾기 위해 늦게 오신 것이 아니라, 정확하게 오셨다. 내가 마주한 실패, 내면의 붕괴, 현실의 벽조차도 그분의 시간표 안에서는 예정된 일들이었다. 눈부신 조명을 받던 날에도, 모두 떠난 사무실에 홀로 남아 울던 그 밤에도 주님은 내게 말씀하고 계셨다. "사람이 온 천하를 얻고도 자기 생명을 잃으면 무슨 유익이 있겠느냐." 그 한 구절이 내 안에 울리고 또 울렸다. 그날의 눈물은 나의 끝이 아니라, 하나님의 시작이었다.

청년 시절, 국회의사당을 처음 마주한 날을 기억한다. 햇살이 어깨를 비추던 그날, 나는 정의와 진실을 향한 부푼 가슴으로 이 공간에 들어섰다. 그러나 이내 알게 되었다. 현실은 정답보다 셈법이 앞서는 곳이었고, 진실보다는 정략이 힘을 발휘하는 세계였다. 나는 자주 타협과 침묵 사이에서 방황했고, 이상과 현실의 간극 속에 조용히 낙담했다. 그러나 이상이 현실에 패배한 것은 아니었다. 오히려 그 간극을 견디는 법을 배우는 시간이었다.

정치는 고백이라는 말이 있다. 그 고백은 약함의 고백이 아니다. 처음 품었던 마음을 지켜내려는 고통의 고백이다. 사람들 앞에 드러나는 언어보다, 홀로 하나님 앞에 올리는 기도의 탄식이 더 중요하다는 것을 국회 한복판에서 배웠다.

지금 돌아보면, 젊은 날에 참 많이 달렸다. 뒤돌아볼 겨를도 없이 앞만 보고 내달렸다. 그 속에는 분명히 세상적 야망도 있었고, 자기 확신도 있었다. 하지만 지금에야 분명히 말할 수 있다. 그 모든 질주는 결국 하나님께 이끌린 걸음이었다는 것을. 내가 계획했던 시간표와 하나님께서 준비하신 시간표는 달랐다. 하지만 하나님은 한 번도 늦으신 적이 없었다. 더디게 보였던 길은 결국 가장 정확한 순간에 열렸고, 우연처럼 펼쳐진 일들은 모두 필연과 같았다.

이제 이 여정을 돌아보며 말하고 싶다. 정치가 삶의 목적이 아니었고, 자리가 존재의 증명이 아니었으며, 내 인생의 진짜 좌표는 하나님의 손안에 있었다는 사실을. 도착한 이 자리에서 나는 더 이상 '성공'을 말하지 않는다. 다만 '은혜'를 말한다.

이제야 조금 알겠다. 정치는 능력이 아니라 부르심이며, 성공은 계단이 아니라 은혜의 터전임을. 하나님은 늦으신 적이 단 한 번도 없었다. 내 시간표가 아니라 그분의 시간표에서 모든 일은 정확했다.

내가 높아졌다고 느낀 날에도, 내 깊은 내면은 하나님의 손안에서 다듬어지고 있었다. 그 무너진 자리에서, 나는 다시 서고 있다. 처음보다 더 낮은 자세로 그러나 더 분명한 시선으로. 내가 원한 꿈보다 하나님이 주신 비전을 따라. 그 비전은 내가 이룬 것이 아니라, 은혜로 걸어가는 여정이다.

그리고 오늘도 안다. 그 한 방울의 눈물이 인생에서 가장 소중한 시작이었다는 것을. 지금도 하나님의 시간표 안에서 나는 걸어가는 중이다. 흔들리지만 멈추지 않으면서.

기대와 현실의 간극: 그 꿈을 지키는 일

국회 건물을 처음 바라보던 날, 흐릿한 구름 사이로 내리쬐는 햇빛이 내 어깨를 덮고 있었고, 내 마음은 한없이 부풀어 있었다. 그곳은 어릴 적부터 내게 '정의의 전당'이었다. 텔레비전 속에서, 교과서 속에서 그리고 부모님의 대화 사이에서 나는 자주 '국회'라는 이름을 들었다. 어린 마음에도 그 단어가 담고 있는 무게는 묵직했고, 동시에 신비로웠다. 그 무게를 내가 감당해 보고 싶다는 생각은 그렇게 싹텄다.

그 후로 나는 하나의 방향을 품었다. 정의를 말하고, 세상의 틀을 바꾸는 일에 내 삶을 바치고 싶었다. 사람들의 고통이 줄어들고, 억울한 이들이 없도록 만드는 일. 그것이 정치라고 믿었다. 나의 청춘은 그 꿈을 향한 준비의 연속이었다. 책상 앞에서, 거리에서, 토론 속에서 나름의 정답을 찾으려 애썼고, 그때마다 내 꿈은 조금씩 더 단단해졌다.

그러나 국회라는 현실의 무대에 첫발을 내디뎠을 때, 나는 예상과 다른 공기를 마주했다. 마이크가 있는 자리에는 침묵이 있었고, 법이 움직이는 곳은 사람들의 시선이 먼저 얽혀 있었다. 회의는 명확한 답을 찾기 위한 토론의 장이 아니라, 셈과 셈이 부딪히는 눈치의 전장처럼 느껴졌다. 나는 자주 그 틈새에 갇혔다.

처음에는 인정하고 싶지 않았다. 내가 아직 모자라서 그렇다고, 시간이 지나면 익숙해질 거라고, 결국은 상상했던 정치를 할 수 있을 거라고 자신을 달랬다. 하지만 시간이 흐를수록, 그 '익숙함'이라는 것이 내 안의 무엇인가를 무디게 만들고 있다는 사실을 알게 되었다. 언젠가부터 나는 말하기 전에 주변을 먼저 살피게 되었고, 말보다는 듣는 것이 안전하다는 것을 배웠다. 심지어 어떤 날은 아예 아무 말도 하지 않는 것이 더 나은 판단이라 여겼다. 그리고 그때마다 내 안의 '처음'을 한 겹씩 벗겨내는 것 같았다.

현실은 매일 내게 질문을 던졌다. "네가 그토록 소중히 품었던 꿈은 지금 어디 있느냐"고. 나는 그 질문을 피할 수 없었다. 회의가 끝난 늦은 밤, 불 꺼진 사무실에 혼자 앉아 있을 때면 어김없이 그 질문이 찾아왔다. 커피 잔을 들고 멍하니 창밖을 바라보다 보면 어린 시절의 내가 떠올랐다. 정의롭고 싶다고, 약한 사람들의 편이 되겠다고 말하던 그 아이.

그 아이의 눈을 똑바로 마주하기가 두려웠다. 그 시선 앞에 나는 너무 조심스럽고, 너무 타협적이고, 너무 피로해 보였다. "지금도 그 꿈을 꾸고 있느냐"고 묻는다면, 뭐라고 대답할 수 있을까. 멈칫하다가 고개를 끄덕일 뿐이었다.

그럼에도 불구하고 나는 국회에 남아 있었다. 여전히 사람들의 이야기를 듣고, 길을 찾기 위해 서류를 넘기고, 때로는 분노하고, 때로는 좌절하며 버텼다. 나는 알고 있었다. 이곳은 어쩌면 평생 배워야 하는 곳이라는 것을. 그리고 그 배움이란 단순한 기술이 아니라 '초심을 지켜내는 법'을 배우는 것임을.

이제야 조금 알 것 같다. 꿈을 꾸는 것은 어렵지 않지만, 그 꿈을 지켜가는 일은 얼마나 고통스러운가를. 그리고 그 고통을 감내하는 일이 진짜 정치를 향한 길이라는 것을. 언젠가 내 꿈과 현실 사이의 간극이 조금씩 좁혀지고 마침내 맞닿는 날이 오기를 기다렸다. 나는 그날을 위해 묵묵히 걷는 중이었다. 흔들리지만, 멈추지 않으면서.

정치는 고백이다. 약함의 고백이 아니라, 지키고자 했던 마음의 고백이다. 이상과 현실 사이의 간극을 인정하되, 그 틈을 메우기 위해 다시 걷겠다는 다짐이다. 우리가 걷는 이 길은 완성이 아니라 과정이라는 것을, 이제는 안다.

06

추락의 깊은 밤, 믿음으로 견디다

추락의 어둠에서 피어난 '내려놓음'의 신비는 믿음의 길목, 고통을 견딘 사람만이 아는 언어이다. 세상이 등을 돌리던 밤, 나는 내 그림자마저 의심했다. 총선 경선 패배는 단순한 선거 결과가 아니었다. 그것은 마치 내 존재 자체가 부정당한 듯한 경험이었다. 그 깊은 밤 나는 자신도 알지 못했던 민낯과 마주해야 했다. 그러나 바로 그 자리에서 처음으로 내려놓는 법을 배웠다.

대선 패배의 쓴잔을 마신 나는 또 다른 싸움의 현장으로 나아갔다. 전당대회가 끝나고 최병렬 당 대표 공보특보로 일하며, 내 고향 강원도 속초·고성·양양·인제 지역의 지구당 조직책을 맡아 제17대 총선 준비에 전념했다. 돈과 시간, 사람들과의 치열한 경쟁의 시작이었다. 하지만 희망을 잃지 않았다. 내게는 실향민 2세라는 든든한 뿌리가 있었고, 실향민 공동체와 초·중·고 동문의 믿음이 나를 지탱했다. 그들의 기대는 나를 한층 강하게 만들었다.

그런데 뜻밖의 변수가 등장했다. 총선 공천을 앞두고 당은 국민 신뢰를 회복하고자 일부 지역에 경선제도를 도입했다. 그것은 혁신의 바람처럼 보였지만, 나는 그 혁신의 이면에서 또 다른 벽을 마주했다. 내 상대는 이 지역 출신이 아닌, 이 지역에서 성장하지도 않은 사람이었다. 그는 이 지역에서 20년 정치 경력을 가진 거물 정치인의 아들이었다. 그는 제 아들에게 권력을 세습하려 했다. 이른바 '부자 세습'이었다.

배신당한 봄, 그리고 꿈의 무게

정치는 나에게 단순한 권력의 길이 아니었다. 그것은 한 인간이 진심으로 세상과 대화하고자 한, 오래된 기도와도 같은 일이었다. 정치는 내게 '세상을 바꿀 수 있다'는 말로 유혹해 왔다. 그 말은 너무나도 달콤해서 내가 가진 모든 것을 걸게 만들었다. 게다가 나는 국회의원을 꿈꾸며 오랜 시간 활동하지 않았던가.

시간과 물질, 열정과 명예까지 거리낌 없이 바쳤다. 그 모든 투자의 이유는 단 하나였다. "당신 같은 사람이 정치 좀 해야 한다"는 주변의 말. 그 말은 내게 사명처럼 들렸고, 나는 마치 하나님에게 부름받은 사람처럼 고향으로 향했다.

강원도 동해안 끝자락, 내 유년의 냄새가 서린 속초·고성·양양·인제, 이 땅 위에서 나는 새로운 시작을 꿈꾸었다. '속초·고성·양양·인제.' 부르기만 해도 심장을 뛰게 하던 땅. 실향민 2세로 살았던, 꿈을 꾸며 지냈던 그 땅. 어린 시절 맨발로 뛰며 자란 해변, 해 질 녘이면 부둣가 어귀에 퍼지던 생선 굽는 냄새 그리고 내 청춘을 품어준 수많은 얼굴들. 그들에게 정치가 얼마나 따뜻할 수 있는지를 보여주고 싶었다.

이회창 후보 대선 패배의 잿빛이 아직 걷히지 않은 계절, 나는 다시 불씨를 품었다. 당은 쇄신을 외쳤고, 나는 그 쇄신의 전면에 섰다. 당원과 시민이 직접 후보를 선택하는 경선. 민주주의의 축제이자 젊은 정치 지망생의 마지막 희망이었다.

그러나 정치에는 눈에 보이지 않는 경계석들이 있다. 그 경계는 피로 쓰인 이름이었고, 가문이라는 성채였다. 경선 상대는 이 땅의 이름만 빌려 온 타향의 아들이었지만, 그 뒤에 선 이는 이 지역을 네 번이나 대표한 원로였다. 정치의 뿌리라는 이름으로 아버지는 아들에게 땅을 물려주듯 지역구를 넘기려 했다. 부자세습이었다.

결국 나는 패배했다. 총선 경선에서의 패배는 결과표에 찍힌 숫자가 아니라, 마치 내 존재 전체에 실패라는 도장이 찍힌 듯한 경험이었다. 그러나 바로 그 깊은 밤 한복판에서 하나님은 나를 바라보고 계셨다. 아무 말 없이, 그러나 분명하게.

"여호와여 내가 깊은 곳에서 주께 부르짖었나이다"(시편 130:1).

그 밤, 나는 처음으로 내 민낯과 마주했다. 내 야망의 내부에 흐르고 있던 조급함, 성취에 중독된 마음 그리고 인정받고 싶어 했던 목마름까지. 추락은 단지 패배가 아니라, 숨겨진 내면을 드러내는 하나님의 손길이었다.

그날 이후, 내 마음은 천천히 무너져 내리는 절벽 같았다. 어떤 밤은 너무 깊어서 꿈조차 닿지 않았다. 정치는 사람을 세우기도 하지만 때로는 제대로 무너뜨린다. 나는 그 무너짐의 잔해 속에서 내 이름을 부르지 못했다. 그리고 그 밤, 나는 조용히 이 말씀 앞에 주저앉았다.

"상한 갈대를 꺾지 아니하며 꺼져가는 등불을 끄지 아니하고"(이사야 42:3).

나는 꺾인 갈대였고, 거의 꺼져가는 등불이었다. 그러나 그분은 나를 꺼버리지 않으셨다. 나는 아직 그 사실을 모르고 있었을 뿐이다. 깊은 밤, 하나님이 나를 붙드셨다.

이 기록은 단지 상처의 고백이 아니다. 이것은 젊은 날의 진심이 세상과 부딪히며 낸 파편의 기억이며, 진심이 통하지 않는 세상에서도 진심으로 살아냈던 나날의 증언이다. 시간이 한참 흐른 뒤에야 나는 그 패배의 기억을 조심스레 꺼내어 볼 수 있었다.

그 좌절 속에는 내 욕망만 있었던 것이 아니었다. 그 속에는 누군가를 위하고 싶었던 마음, 지역을 위해 무언가를 바꿔보고 싶었던 간절함, 정치가 인간에게 줄 수 있는 최선의 얼굴을 믿고자 했던 진심이 있었다. 이전까지 나는 신념을 들고 정치를 두드렸고, 진심을 무기로 사람들과 대화하려 했다. 그러나 그날 이후, 나는 하나의 사실을 절감했다. 진심이 전달될 수는 있어도 통과되지는 않을 수도 있다는 것. 그러나 그것이 진심의 실패는 아니라는 것. 내가 했던 일은 실패가 아니라, 끝까지 진심을 놓지 않은 순례였다.

어리석지만 순수한 마음이 있었다. 나는 여전히 내게 묻는다. 그 시절, 다시 돌아간다면 또 출마하겠는가? 물론 아니다. 그날들 속에서 나는 '정치의 본질'을 보았고, 그날들 덕분에 지금도 '인간의 본질'을 더 깊이 생각한다.

실패는 끝이 아니었다. 그것은 시작을 다시 쓰는 고통스러운 연필심이었다. 언젠가 다시 그 봄의 경계선 위에 서게 될지도 모른다. 다만 그때는 이전보다 더 단단한 마음으로, 더 진실한 눈으로, 더 길게 보고 더 멀리 듣는 심장으로 설 것이다. 하나님께서 나에게 새로운 비전을 주시고 길을 만드신다.

그리고 지금 나는 믿는다. 그 패배는 실패가 아니라, 하나님이 내 인생의 연필을 다시 깎는 과정이었음을.

> “내가 가는 길을 그가 아시나니 그가 나를 단련하신 후에는 내가 순금같이 되어 나오리라”(욥기 23:10).

그 추락의 밤을 지나 오고 나서야 나는 비로소 믿음으로 견디는 법을 배웠다. 그 밤은 끝이 아니라, 하나님의 새벽이 시작되는 자리였다.

07

낙심의 강을 건넌 자,
비전의 언어를 얻다

"여호와여 내가 깊은 곳에서 주께 부르짖었나이다 주여 내 소리를 들으시며 나의 부르짖는 소리에 귀를 기울이소서"(시편 130:1-2).

이어령 선생은 생전에 이런 말을 했다. "사람은 절망의 끝에서 새싹을 본다. 그러나 그 새싹은 이전의 언어로는 설명되지 않는다." 나는 그 언어를 배워가고 있었다. 총선 경선 패배의 쓴맛은 내 인생의 구절 중 하나일 뿐, 전부가 아니었다. 진실은 수치의 포장지 안에서도 살아 숨쉰다. 나는 그 밤들을 지나며 비로소 눈앞에 보이는 현실이 전부가 아님을, 세상의 크기는 하나님 나라의 질서에 견주면 너무도 작은 점 하나에 불과함을 깨닫기 시작했다.

가장 깊은 기도의 언어는 침묵이다

그 깨달음은 영혼 깊은 곳에서부터 밀려왔다. 패배라는 이름의 바닥에서 기도하는 사람만이 아는 언어, 배신이라는 고통 안에서만 태어나는 침묵의 찬미, 절망 가운데서만 울리는 희망의 미세한 떨림. 나는 그것들을 처음으로 느끼고, 조심스레 그 언어를 내 안에서 번역하기 시작했다.

그 시절, 나는 무릎 꿇는 법을 배웠다. 사람들 앞에서가 아니라, 하나님 앞에서. 분노와 억울함이 가슴을 채울 때마다, 그 감정을 내려놓고자 무릎을 꿇었다. 기도는 어떤 날은 말이 되지 않았고 한숨이 되었다. 그러나 가장 깊은 기도의 언어는 침묵이었다.

말할 수 없을 때 하나님은 내 안에 말씀이 되셨고, 걸을 수 없을 때 하나님은 내 걸음이 되셨다. 이어령 선생이 말하던 "슬픔은 질문이 되고, 고통은 언어가 된다"는 문장처럼, 나의 침묵도 점점 하나의 언어가 되어갔다. 그리고 그 언어는 사람 앞에서 말하는 언변이 아니라, 하나님 앞에서 울먹이는 고백이었다.

총선 패배 이후, 모든 것이 무너졌다고 생각했다. 그러나 돌이켜보면 그 무너짐이야말로 나를 새롭게 세우시는 방식이었다. 세상의 기준으로는 실패였지만, 믿음의 눈으로 보면 훈련이었다. 바닥을 알아야 높음이 교만이 되지 않는다. 배신을 겪어야 사랑이 값진 줄을 안다. 고통을 통과해야 진실이 말이 아닌 삶이 된다.

패배는 나를 포기하게 하지 않았다. 오히려 나를 더 단단한 인간으로 만들어냈다. 불공정한 구조 앞에서도 끝까지 진심을 지킨 것. 그것이 내가 오늘도 설 수 있는 이유다. 그날들의 무너짐이 없었다면 오늘의 나는 없었을 것이다. 패배와 배신의 밤은 나를 부수었지만, 그 부서진 틈 사이로 하나님의 빛이 들어왔다. 빛은 어둠을 밀어내는 방식이 아니라, 어둠 안에 스며드는 방식으로 내게 들어왔다.

믿음이란, 희망이 보이지 않을 때도 걷는 것이다. 그리고 그 걸음 속에 하나님은 늘 함께하신다. 그분은 우리가 오르려 할 때 내려가게 하시고, 우리가 이기려 할 때 지게 하신다. 그래서 마침내, 우리가 온전히 의지할 대상이 오직 하나님뿐임을 알게 하신다.

이제 나는 다시 일어난다. 누군가의 성공 신화로가 아니라, 한 사람의 믿음의 여정으로. 그 여정은 길고 때로는 고되지만 매 순간 하나님이 함께하시기에 나는 그 길을 기쁨으로, 순종으로 걸어간다.

낙심은 리더의 강을 건너게 한다

나는 그 경선에서 졌다. 사람들의 말과 행동 사이에서 배신을 겪었다. 젊은 날의 꿈은 그렇게 찬 바람에 날려갔다. 속초 바다의 찬 바람이, 설악산의 매서운 바람이 야속했다. 하지만 시간이 흐르고 나서야 알게 되었다. 리더십은 승리의 기록이 아니라, 실패의 상처 속에서 진짜 모습을 드러낸다는 것을.

정치는 누군가를 이기기 위한 기술이 아니라, 누군가의 마음을 오랫동안 품기 위한 용기다. 그리고 그 용기의 본질은 실패와 배신 앞에서도 무너지지 않는 '내면의 중심'을 지키는 데 있다. 나는 그때 리더가 되기 위해 준비된 사람이 아니었다. 무조건 이기기 위한 준비만 했지, 지고 난 후의 나를 감당할 준비는 되어 있지 않았다.

패배는 내 자만을 찔렀고, 내 의지를 시험했고, 결국 내 리더십의 바닥을 드러냈다. 진짜 리더는, 자신이 선택되지 않았을 때 어떤 태도를 보이는 사람이다. 정의롭지 못한 구조 앞에서 끝까지 자기 언어를 지키는 사람이다. 그리고 한 번의 실패로 마음의 문을 닫지 않고, 더 넓은 관점으로 다시 세상을 바라보려는 사람이다.

그렇게 보면, 나는 그 선거에서 진 것이 아니라 리더십의 학교에 입학한 셈이었다. 그리고 그 고통의 학기는 내게 세 가지를 가르쳤다.

첫째, 리더십은 사람을 얻는 것이지, 표를 얻는 것이 아니다.

둘째, 실패는 리더가 될 수 있는 자격을 점검하는 통과의례다.

셋째, 상처는 내면을 더 깊게 만들고, 깊어진 내면은 더 멀리 보는 눈을 만든다.

정치는 이제 내게 '자리'를 주는 곳이 아니라 '배움'을 주는 곳으로 남았다. 그리고 나는 그 배움을 품은 사람으로 언젠가 다시 내 고향 땅을 걷고 싶다. 이제는 승리자가 아니라 리더로서, 하나님의 비전을 품은 비전의 리더로서 말이다.

실패를 통해 드러난 '영적 리더십'의 본질

패배는 끝이 아니었다. 하나님께서 나를 이끄시는 또 하나의 시작이었다. 많은 이들이 리더십을 '이끄는 힘'이라 생각한다. 그러나 실패의 경험은 내게 가르쳤다. 진짜 리더십은 '무너진 자리에서 다시 일어나는 능력'이라는 것을. 패배는 내 내면의 허약함을 낱낱이 드러냈다. 결과 중심의 사고, 세속적 성공에 대한 집착, 사람의 칭찬에 기대어 흔들리던 정체성. 나는 정치적 리더이기 이전에 내면의 리더십을 갖춘 사람이 되어야 했다. 하나님은 그 바닥에서 내게 리더십의 참된 본질을 가르치기 시작하셨다.

기독교적 리더십은 '성과'를 통해 입증되지 않는다. 오히려 '순종'과 '회복'을 통해 검증된다. 나는 하루 일과를 시작하기 전에 계획을 세우기보다 먼저 말씀으로 하나님을 만나는 시간을 가졌다. 내 마음의 그림자를 하나씩 살펴보는 시간. 그 과정에서 "심령이 가난한 자는 복이 있나니"(마 5:3)라는 말씀은 더 이상 교리나 설교의 소재가 아니었다. 그것은 내 삶을 설명하는 진실이자 내가 붙잡아야 할 길이었다. 가난한 심령, 실패한 리더 그러나 하나님 앞에 무릎 꿇은 자. 나는 그 자리에서 가장 강력한 부르심을 들었다. 성공한 지도자가 아니라, 하나님의 사람으로 사는 부르심.

그날 이후 내 리더십의 방향은 달라졌다. 이제 나는 '표를 얻는 법'이 아니라 '사람의 마음을 품는 법'을 배운다. 리더란 누구보다 먼저 회개하는 사람이다. 리더란 '내가 옳다'는 것을 주장하기보다 '하나님께서 원하시는 것이 무엇인가'를 묻는 사람이다. 리더란 실패자 곁에 서서 그를 정죄하지 않고 함께 무릎 꿇을 수 있는 사람이다. 세상이 요구하는 리더는 강한 사람이다. 그러나 하나님이 찾으시는 리더는 부드럽되 흔들리지 않는 사람이다.

진짜 리더십은 경력이나 성과 위에 세워지지 않는다. 그것은 하나님 앞에서 깨어진 영혼, 자기 연약함을 인정하고 그 자리에 다시 서는 겸손한 자들의 몫이다. 패배는 끝이 아니다. 그것은 하나님이 쓰시기 위해 다듬어지는 시간이다. 그리고 나는 그 시간을 통과하며 이제야 진짜 리더로 부름받고 있음을 느낀다.

이어령 선생은 생전에 말했다.

"절망은 사람을 바꾸지 않는다. 그러나 절망을 끝까지 들여다본 사람은 바뀐다."

나는 패배 이후의 시간을 통해 그 말을 실감했다. 낙심은 단지 감정이 아니었다. 그것은 통과해야 할 하나의 강이었다. 얕은 리더십은 그 물가에 주저앉아 흐느끼지만, 깊은 리더십은 그 강을 건너며 비로소 사람을 품는 법을 배운다.

리더십은 이제 내게 '통제의 기술'이 아니다. 그것은 '하나님께 마음을 드리는 행위'다. 기도의 자리에서, 말씀을 붙잡은 자리에서, 사람의 칭찬이 아니라 주님의 인정을 기다리는 자리에서 리더는 태어난다. 내가 지닌 가장 강한 무기는 내가 실패했다는 기억이 아니라, 그 실패 앞에서 꿇은 무릎이다.

패배와 배신의 밤이 깊을수록, 주님의 빛은 더 밝게 내 마음을 비추었다. 오늘도 나는 믿음으로 견딘다. 세상의 평가가 아닌, 하나님의 사랑 안에서 참된 나를 세우는 길을 걷는다.

08

바닥은 땅이 아니라 기도의 자리였다

"여호와는 마음이 상한 자를 가까이하시고 충심으로 통회하는 자를 구원하시는도다"(시편 34:18).

바닥, 그것은 세상의 시선으로 보면 끝이지만 나에게는 시작의 땅이었다. 무너진 자리, 텅 빈 땅, 그곳은 단순한 좌절의 공간이 아니라 하나님께 무릎 꿇는 기도의 자리였다. 그 어둠과 침묵의 골짜기에서 나는 한없이 낮아져 "하나님, 도와주세요"라는 외침을 토해냈다. 그 외침은 내 영혼 깊은 곳에서 터져 나온 탄식이었지만, 동시에 하나님과 맺는 언약의 씨앗이었다. 눈물로 적신 그 씨앗은 절망의 땅 위에 심겨 새 생명을 움트게 했다.

눈물은 언약의 씨앗이 된다

깊은 어둠은 때로 우리를 침묵의 골짜기로 데려간다. 그 깊은 어둠의 골짜기에서 나는 한없이 작은 목소리로 부르짖었다. "하나님, 도와주세요." 이 말은 절망의 외침이 아니라, 언약의 씨앗이었다. 깊은 어둠, 눈물은 말이 아닌 기도의 씨앗, 하나님과의 약속의 토양이었다. 그 바닥, 그 땅끝에서 나는 비로소 하나님을 만났다. 그분의 손길이 내 상처를 어루만졌으며, 내 마음을 다시 일으켜 세우셨다.

요셉의 이야기는 나의 혼돈과 절망 속에서 큰 위로였다. 배신과 오해, 감옥의 캄캄한 벽 뒤에서도 그는 하나님이 주신 꿈을 굳건히 붙들었다. 감옥이라는 밑바닥은 그의 한계를 가두는 감옥이 아니라, 오히려 하나님의 일하심이 시작되는 신비한 작업장이었다. 그 안에서 그는 영적 은사와 내면의 평화를 키웠다. 나 역시 삶의 고통과 배신의 어둠 속에서 '작은 음성'을 포기하지 않았다. 그 음성은 한 줄기 빛이 되어 내 길을 밝혀 주었다.

다윗도 내 영적 여정의 동반자였다. 왕위에 올랐으나 사울의 추격을 피해 도망 다니던 그의 광야 시절은 내 마음속 밑바닥과 닮아 있었다. 아둘람 굴의 어둠, 외로움과 거절, 생존을 위한 몸부림 속에서도 그는 시편으로 하나님께 노래했다.

"내가 사망의 음침한 골짜기로 다닐지라도 해를 두려워하지 아니하리이다"(시편 23:4). 이 노래는 내 낙심한 마음에 흘러들어와, 무너진 무릎 위에 위로와 용기의 날개를 펼쳐 주었다. 바닥은 무너진 곳이 아니라, 하나님과 깊이 만나는 거룩한 장소임을 깨달았다.

존 번연은 감옥의 어둠 속에서 믿음의 빛을 품은 또 하나의 거인이었다. 12년간의 갇힌 삶, 자유와 말씀 사이의 선택의 기로에서 그는 말씀을 택했다. 그리고 그 어둠의 시간 속에서 《천로역정》이라는 위대한 영적 순례기를 써냈다. 그 순례기는 나의 좁은 길에 등불이 되었고, 나의 침묵과 회복의 시간에 깊은 울림을 주었다. 어둠은 고요하지만 그 속에서 진리의 빛은 더 또렷이 빛난다.

무엇보다, 인류 구속자 예수님께서도 삶의 밑바닥을 겪으셨다. 겟세마네 동산에서 땀방울이 되어 흘린 고통과 십자가의 모욕, 죽음의 절망 속에서 그분은 하나님의 영광을 이루셨다. "내 하나님, 어찌하여 나를 버리셨나이까?"라는 절규는 나의 신앙의 고통 속에서도 메아리쳤다. 그러나 그 절규 끝에서 나는 "아버지, 아버지 뜻대로 하옵소서"라는 순종의 고백을 배웠다. 그것이 진정한 신앙의 길임을 몸소 보여주셨다.

다시 드려지는 삶

오랜 시간 나는 '정치인'이라는 세상의 타이틀에 내 정체성을 묶어두었다. 그 이름 석 자가 나를 정의했고, 나 자신을 숨기고 있었다.

그러나 무너진 자리, 텅 빈 어둠의 시간 속에서 비로소 깨달았다. 내 존재의 진짜 뿌리는 '하나님의 자녀'라는 정체성임을. 세상의 찬사와 인정이 얼마나 허망한지를 뼈저리게 느꼈다. 그 빈 공간에 오직 주님만이 평안과 사랑으로 채워주실 수 있음을 깨달았다.

그 어두움 속에서 나는 무릎 꿇고 기도했다.

"주님, 저를 찾아주소서. 내 삶이 다시 주님께로 돌아가게 하소서."

그 기도가 내 영혼을 흔들었고 회복의 문을 열었다. 화려한 세상 무대가 아닌, 조용한 골방에서 드려지는 고요한 예배가 내 삶의 전부가 되었다.

> "하나님은 영이시니 예배하는 자가 영과 진리로 예배할지니라"
> (요한복음 4:24).

그 말씀이 내 발걸음을 인도하는 빛이 되었다.

주님의 이 말씀은 내 삶의 전부가 되었다. 나는 더 이상 세상의 잣대에 얽매이지 않았다. 오직 하나님 앞에서 진실한 나로 서기로 했다. 그리고 나는 다시 한번 묵묵히 걸어가기 시작했다. 과거의 실패와 배신, 상처들을 뒤로한 채 하나님께서 주신 새 생명과 소명으로 나아갔다. '정치인'이라는 이름이 나를 세상에 드러내는 도구였다면, 그 앞에 복음의 증인으로 서는 것은 내 삶의 가장 큰 사명이었다.

오늘도 나는 묻는다.

'내가 이 땅에서 진정 해야 할 일은 무엇인가?

내가 이 삶을 통해 세상에 전할 진리는 무엇인가?'

답은 분명하다. 사랑과 섬김으로 하나님의 마음을 이 땅에 전하는 일이다. 무너졌기에 다시 세워질 수 있었고, 절망의 골짜기에서 희망을 발견했으며, 아픔의 어둠 속에서 참된 나를 만났다. 그래서 나는 하나님 앞에 더 단단하고 온전한 신앙인으로 서 있다.

어둠이 깊을수록 별빛은 더욱 찬란하다. 그 별빛 아래 나는 오늘도 기도한다.

"주님, 나의 부족함을 채우시고 당신의 뜻을 이루는 도구로 사용하소서."

내 삶은 다시 드려진다. 험난한 길이어도 나는 주님의 손을 놓지 않는다. 그 길 위에서 내 신앙은 빛나기 시작한다. 바닥은 끝이 아니라 하나님과 깊이 만나는 기도의 자리이다. 그곳에서 나는 다시 일어난다. 그리하여 새 생명으로, 새 소망으로 다시 걷는다.

무너졌기에 다시 세워질 수 있었고, 절망 속에서 희망을 발견했으며, 아픔 속에서 진정한 나를 만났다. 이제 나는 하나님 앞에서 더 단단하고 온전한 신앙인으로 살아간다. 그 길이 때로는 험난해도 나는 주님의 손을 놓지 않는다. 그리고 이 길 위에서 내 삶은 다시 한 번 빛나기 시작한다.

09

루저라는 이름 아래 스며든 은혜

'루저'라는 이름으로 불리던 시간 속에서 나는 하나님을 다시 만났다. 그분은 한 번도 내 손을 놓지 않으셨고, 언제나 나를 부르셨다. 정치는 나의 길일 수도, 아닐 수도 있다. 그러나 나는 이제 그 길 위에 나의 존재를 걸지 않는다. 하나님이 내 이름을 기억하시고, 나의 고통을 아시며, 그분의 완전한 타이밍 안에서 모든 것을 온전케 하실 것을 믿으며 기다린다.

루저의 밤에 임하신 하나님

패배라는 단어는 짧고도 잔인하다. 그 한 단어가 내 삶에 내린 어둠은 밤하늘을 뒤덮는 먹구름처럼, 순간이었지만 전부였다. 결과가 발표된 그 찰나, 세상은 변함없이 굴러갔다. 나는 모든 것을 걸었다. 정치가 내 길이라 믿었고, 국회와 당에서 쌓아온 커리어가 다음 문을 여는 열쇠가 되어줄 것이라 믿었다. 그러나 그 열쇠는 문을 열지 못했고, 나는 문 앞에 홀로 남겨졌다. 사람들은 여전히 웃고 떠들었으며, 하루 일과는 멈추지 않았다. 그러나 나의 내면에서는 시간이 정지했다. 내 심장은 무거운 침묵 속에 갇혔고, 모든 빛이 꺼져버린 듯했다.

'루저'(Loser)라는 꼬리표가 내 이름에 따라붙었다. 낙인이라는 단어보다 더 깊은 상처가 내 안에 새겨졌다. 주변 동료들은 공천을 받아 당당히 총선에 나섰고, 그중 다수는 승리했다. 국회의원 배지를 단 그들의 얼굴엔 확신과 환희가 가득했다. 나는 축하 인사를 건네며 미소 지었지만 속으로는 자신을 삼키고 있었다.

'왜 나는 아니었는가.'

'나는 무엇이 부족했는가.'

이 질문들은 밤마다 내 가슴을 파고들었고, 눈물은 갈수록 잦아졌다. 질투와 자책, 허무감과 자존감의 붕괴는 내가 감당해야 할 또 다른 무게였다. 패배 그 자체보다 더 무서운 것은 패배 후의 삶이었다. 승자들의 뉴스는 빛나지만, 패자들은 침묵 속에 묻혀갔다. 그 침묵은 메아리처럼 내 영혼을 흔들었고, 나는 점차 나를 잃어갔다.

어느 평범한 오후였다. 책상 위에 펼쳐진 내 정치 경력과 이력서가 한없이 무의미하게 느껴졌다. 그 모든 기록이 빛을 잃었고, 나는 처음으로 진심으로 울었다. 부끄러움에 숨고 싶은 마음이었지만 눈물은 멈추지 않았다. 아무도 보지 않는 곳에서 소리 없이 무너졌다. 그 무너짐 속에서 오래도록 외면했던 이름 하나가 다시 내 안에서 울려 퍼졌다. "하나님."

십 대 시절, 하굣길에 홀로 들렀던 교회 문턱, 그곳에서 드리던 기도 소리, 깊은 밤 성경 말씀을 묵상할 때 들려오던 하나님의 음성, 성가대와 교사로서 나누었던 기쁨과 은혜의 시간, 부흥회에서 흘린 회개의 눈물들, 그 모든 기억이 먼지처럼 쌓여 있다가 한 줄기 빛이 되어 내 어둠을 뚫고 들어왔다. "네가 실패했기에 나를 찾은 것이냐."

아마도 그 질문이 하나님께서 내게 던지신 첫 음성이었을 것이다. 나는 아무런 변명도, 핑계도 할 수 없었다. 그저 무릎 꿇고 말 대신 눈물로, 계산 대신 진심으로 회개했다. 그날부터 나는 세상의 길, 정치라는 이름을 조심스레 내려놓았다. 그리고 하나님 앞에 다시 온전히 나를 내어놓기 시작했다. 성경을 펼치고 묵상하며, 기도로 새벽을 열었다. 내 입술에서 찬송이 끊임없이 흘러나왔다.

점점 세상의 기준에서 멀어졌지만 내 영혼은 놀랍게도 더 선명해졌다. 그동안 쌓았던 커리어는 사실 나의 정체성이 아니었다. 내 이름 앞에 붙는 '직함'은 나를 설명할 수 없는 껍데기였다. 나는 이제야 진짜 나를 마주했다. 정치인이기 전에 인간이었고, 인간이기 전에 하나님의 자녀였다.

어느 날 새벽, 마태복음 5장을 묵상하다가 "심령이 가난한 자는 복이 있나니 천국이 그들의 것임이요"라는 말씀 앞에서 오열했다. 나는 지금, 심령이 가장 가난한 자였다. 그리고 그 순간, 나는 천국을 경험했다. 루저의 인생, 그렇게 불리던 시간 속에서 나는 하나님을 다시 만났다. 그분은 언제나 나를 부르셨고, 그동안 한 번도 내 손을 놓지 않으셨다는 것을 알게 하셨다.

정치는 내 길일 수도 있고, 아닐 수도 있다. 그러나 나는 이제 그것에 나의 존재를 걸지 않는다. 하나님이 내 이름을 아신다는 것, 그분이 나의 고통을 아신다는 것, 그분의 타이밍 안에 모든 것이 온전해진다는 것을 믿고 기다릴 뿐이다.

패배는 나를 낮추었다. 그 낮아짐이 나를 구원했다. 이제 나는 '루저'가 아니다. 하나님의 시선 안에서 회복된 사람이다.

뿌리내림의 은혜

바닥은 끝이 아니라 새로운 시작이었다. 그곳에서 나는 내 힘이 아닌 하나님의 손을 붙잡는 법을 배웠다. 흘린 눈물은 헛되지 않았다. 부서짐은 참된 나를 만나는 문이었다. 그 문 너머에 계신 하나님과 깊이 만나는 자리였다.

한때 나는 모든 것을 통제할 수 있다고 믿었다. 계획을 세우고, 목표를 향해 부지런히 달려가는 삶. 사람들에게 신뢰를 주는 사람, 스스로 자부심을 가질 수 있는 사람이고 싶었다. 그러나 인생은 생각보다 쉽게 흔들렸다. 경선 패배, 사람 사이의 오해와 상처, 감당할 수 없던 내면의 무너짐이 연달아 밀려왔다. 하루하루가 버겁고, 밤마다 마음속에 울리는 질문 하나, '하나님, 왜 나입니까?'

그때 나는 '바닥'이라 불리는 자리에 도달했다. 더 내려갈 곳이 없다는 그 자리에서, 나는 멈춰 서게 되었다. 사람도, 노력도, 내 의지도 더는 아무 소용이 없던 그 순간, 오직 하나님만이 남았다. 처음에는 왜 이리 외면하시냐고 원망했지만, 시간이 흐르며 한 가지씩 보이기 시작했다. 매일 흘렸던 눈물은 헛된 것이 아니었다. 그 눈물 속에서 하나님은 내 마음을 만지셨고, 기도할 힘조차 없던 나를 말씀으로 안아주셨다.

> "내가 너와 함께 있어 네가 어디로 가든지 너를 지키며…내가 네게 허락한 것을 다 이루기까지 너를 떠나지 아니하리라"(창세기 28:15).

그 말씀은 내 안에 희미한 믿음의 불꽃을 피워냈다.
'하나님은 나를 잊지 않으셨구나.'
'이 부서짐 속에도 섭리가 있구나.'

내가 끝이라 여긴 그 바닥은 하나님의 손바닥이었다. 그분은 거기서 나를 받아 안으시고 다시 심으셨다. 예전의 나는 내 능력 위에 서 있었지만, 지금의 나는 하나님의 은혜 위에 뿌리를 내렸다.

> "그는 시냇가에 심은 나무가…그 잎사귀가 마르지 아니함 같으니 그가 하는 모든 일이 다 형통하리로다"(시편 1:3).

내가 낮아졌을 때 주께서 나를 높이셨고, 내가 무너졌을 때 주께서 나를 붙드셨다. 지금도 나는 완전하지 않지만 매일 주님 안에서 다시 서는 삶을 살아가고 있다. 이 고백이 지금 어두운 터널을 지나고 있는 누군가에게 작은 빛이 되기를 소망한다. 바닥이 끝이 아니라, 하나님의 시작이 될 수 있음을 믿으시기를 바란다.

제2부

광야의 문을 열며: 무너짐 속에서 다시 들은 하나님의 음성

떠남은 잃음이 아니라 채움이었다

10

현실의 끝에서 마주한 내면

경선 패배는 단순한 낙선이 아니었다. 그것은 '정체성의 붕괴'였다. 오랜 시간 '나는 정치인이다'라는 말에 익숙했고, 그 말 속에서 존재의 의미를 찾았던 나는 그 길이 끊기자 정지된 듯한 침묵 속에 빠져들었다. 매일 아침 일어나 습관처럼 양복을 입고 나섰지만 갈 곳도 없고, 불러주는 곳도 드물었다. 겉은 멀쩡했지만 속은 곪아가고 있었다.

정체성의 파열음 속에서 들려온 첫 기도

'정치인'이라는 이름표는 내 인생의 유니폼이었다. 오랫동안 그 옷을 입고 살았다. 눈을 뜨면 자동으로 넥타이를 고르고, 회의실 분위기가 하루의 온도를 결정했다. 그런데 어느 날, 그 유니폼이 벗겨졌다. 아니, 찢겼다.

경선 패배. 사람들은 그것을 낙선이라 불렀지만 내게 그것은 '존재의 붕괴'였다. 그 직함 하나에 내 존재의 무게를 걸고 있었기에, 직함이 사라지자 나는 공중에 붕 떠버렸다. 마치 줄을 놓친 연처럼.

처음엔 받아들이기 힘들었다. 실패했다는 사실을 넘어서, 그 실패가 내가 붙잡고 있던 확신마저 흔들고 있었다. 정치라는 이름의 길은 내가 세상과 연결되는 유일한 줄이었던 것이다. 그 줄이 끊어지고 나니 깊은 침묵과 공허가 내 안을 가득 메웠다.

집 안은 조용했다.

벽시계의 초침 소리가 유일한 대화였던 밤들. 거울 앞에 서면 낯선 사람이 서 있었다. 양복은 그대로인데 안의 영혼은 텅 비어 있었다. '나는 이제 어디로 가야 하는가?' 그 질문은 진로의 문제가 아니라, 정체성의 실종신고였다.

그러던 어느 날, 오래된 책장 속에서 먼지 낀 성경 한 권이 눈에 들어왔다. 젊은 날의 열정으로 샀지만 오랫동안 방치된, 나처럼 잊힌 책. 그 책을 펴는 순간, 마치 세월을 넘어 나를 기다리고 있었던 듯한 구절이 눈에 들어왔다.

> "내가 너를 모태에 짓기 전에 너를 알았고 네가 배에서 나오기 전에 너를 성별하였고…"(예레미야 1:5).

읽는 순간, 아무 이유 없이 눈물이 났다. 그 말씀은 마치 오래전부터 나를 기다리고 있었던 문장처럼 마음에 스며들었다.

그날 밤, 나는 아주 오랜만에 기도를 시작했다. 길고 복잡한 말이 아니었다. 다만 이렇게 속삭였다. "하나님, 저는 지금 아무것도 아닙니다. 그런데 괜찮으신가요?" 그 질문에 하늘에서 직접 답이 들린 건 아니었지만, 묘하게 마음 한구석이 따뜻해졌다. 마치 '그럼에도 괜찮다'는 속삭임이 내 안에서 일어나는 듯했다. 그날 이후, 나는 조심스레 매일 기도하기 시작했다. 말이 아니라 고백으로, 계획이 아니라 질문으로. 기도는 내 무너진 자아 위에 한 겹씩 새벽이 내려앉는 과정이었다. 실패는 이제 더 이상 나를 규정하는 단어가 아니었다. 그것은 오히려 하나님이 나를 새롭게 빚기 시작하신 신호였다.

부르심의 언어로 나를 다시 세우다

그 여정은 결코 영화 같지 않았다. 매일이 변화의 날은 아니었고, 오히려 더 깊은 절망과 외로움이 찾아올 때도 많았다. 하지만 어느 날, 한 선배의 간증을 들으면서 큰 위로를 받았다. 그분 역시 정계에서 좌절을 겪고 오랜 시간을 무명의 삶으로 보냈다. 그러나 그 시간 동안 그는 성경 속 인물인 요셉처럼, 내면을 다듬고 사람을 섬기는 연습을 했노라고 고백했다. 그분이 전한 말이 내 마음을 흔들었다. "하나님은 우리를 한순간의 승리로 세우시지 않는다. 오히려 패배를 통해 우리를 당신의 사람으로 빚어가신다."

그 말을 듣는 순간, 내가 겪은 이 모든 실패와 침묵의 시간은 단순한 낙오가 아니라 하나님께서 내 삶을 다시 지으시기 위한 시간이었음을 깨닫게 되었다. 정치인이 아니라, 진짜 사람이 되도록 부르시는 과정이었음을. 그 뒤로 나는 성경 속 요나처럼, 도망치던 방향에서 돌이켜 다시 하나님의 부르심을 묻기 시작했다. “나는 어디로 가야 합니까?”라는 질문은 이제 “하나님, 제가 어디로 가기를 원하십니까?”로 바뀌었다.

그리고 내 삶은 천천히 그러나 분명히 방향을 바꾸기 시작했다. 세상의 높이가 아닌 내면의 깊이를 따라. 경쟁의 언어가 아니라 부르심의 언어로 나를 다시 세우기 시작한 것이다.

11

요셉의 기다림, 요나의 돌이킴 그리고 나의 여정

요셉의 기다림은 침묵 속에서 하나님을 신뢰한 인내였고, 요나의 돌이킴은 도망치던 발걸음이 은혜 앞에 무릎 꿇은 순간이었으며, 나의 여정은 그 둘 사이, 기다림 속에서 깨어지고 돌이킴 속에서 다시 세워진 하나님과의 사랑 이야기였다.

인생은 직선이 아니다. 우리는 흔히 앞으로 나아가야 한다고, 성공해야 한다고, 멈추지 말아야 한다고 배웠다. 그러나 성경은 우리에게 다른 이야기를 들려준다. 기다림 속에서 연단되고, 도망 속에서 부르심을 만난 자들의 이야기. 그 이야기는 나의 것이기도 하다.

요셉의 기다림: 감옥에서 피워낸 꿈

요셉을 생각할 때마다 나는 오래전 나 자신을 떠올린다. 내 안에도 한때는 선명한 꿈이 있었다. 세상을 바꿔보겠노라, 정의를 세우겠노라, 하나님을 위하겠노라 했던 젊은 날의 순전한 열망. 그러나 세월은 그 꿈을 감옥 같은 현실 속에 가두었다. 이루어지지 않는 비전, 이해받지 못한 열심 그리고 반복되는 실패의 밤. 그 속에서 나는 점점 질문이 많아졌고, 기도는 짧아졌다.

"왜 나입니까?"

요셉도 아마 그렇게 물었을 것이다. 자신을 팔아넘긴 형제들, 억울한 누명, 잊힌 존재. 그러나 요셉은 기다렸다. 감옥에서 꿈을 버리지 않았고, 고통 속에서 하나님을 원망하지 않았다. 나는 그 기다림을 배우는 데 오랜 시간이 걸렸다.

성경은 분명히 말한다.

> "여호와께서 요셉과 함께하시므로 그가 형통한 자가 되어…"(창세기 39:2).

고통의 한복판에서도 하나님은 요셉과 함께 계셨다. 함께 계시되 곧장 건져내진 않으셨다.

그는 수년간 어두운 감옥 속에서 기다렸다. 보이지 않는 손길 속에서 요셉은 '통치자의 능력'이 아닌, '하나님의 사람'으로 빚어지고 있었다. 그 사실이 내게 묵직하게 다가왔다. 나는 지금 '형통하지 않은 시간'을 살고 있다고 느꼈지만, 어쩌면 이 시간도 하나님의 손바닥 위에 놓여 있는 것인지도 몰랐다.

기다림은 무기력의 다른 이름이 아니었다. 그것은 하나님께 수도권을 넘겨드리는 가장 능동적인 행위였다. 인간의 계산이 멈추는 자리, 거기서 하나님의 역사는 시작되었다. 요셉은 감옥에서 왕궁을 준비했고, 나는 침묵 속에서 부르심을 준비했다. 우리의 시계로는 잴 수 없는 하나님의 시간이라는 깊은 틈, 그 틈 사이에서 나는 서서히 깨어나고 있었다.

요나의 돌이킴: 바다 끝에서 다시 시작된 부르심

그러나 기다림만으로는 설명되지 않는 순간이 있다. 내가 한때 요나처럼 도망쳤다는 사실을 고백하지 않을 수 없다. 하나님의 부르심이 두려웠다. 감당할 수 없을까 봐, 아니, 내 뜻이 꺾일까 봐. 나는 바다를 택했고, 니느웨 대신 다시스로 향했다. 겉으로는 사역의 언저리에 머물렀지만, 마음은 세상의 논리에 안주하고 있었다. 목소리는 주를 노래했으나, 발걸음은 점점 멀어지고 있었다.

그러나 하나님은 요나를 끝까지 포기하지 않으셨듯 나 또한 놓지 않으셨다. 파도에 흔들리고 캄캄한 물고기 뱃속 같은 시간을 지나면서 비로소 나는 깨달았다. 회개란 눈물 몇 방울로 끝나는 것이 아니라, 내면의 방향을 완전히 바꾸는 것이라는 것을.

"들고 읽어라." 어거스틴이 들었던 그 음성처럼 내 안에 울린 메시지가 있었다. "돌아오라. 다시 시작하라." 그 순간 내 마음에 묵직하게 와닿는 것이 있었다. '내 인생은 방향을 잃은 것이 아니라, 재정비의 시기에 들어선 것이다.'

> "수고하고 무거운 짐 진 자들아 다 내게로 오라 내가 너희를 쉬게 하리라"(마태복음 11:28).

그날 이후, 나는 매일 아침 이 말씀을 묵상하며 하루를 시작했다. 요나처럼 돌이키며, 나라는 한 사람도 다시 빚어질 수 있음을 믿으며. 지금 내가 겪는 이 '멈춤'은 끝이 아니라 새로운 여정의 시작이었다. 하나님은 실패를 통해 나를 다시 부르고 계셨다. 그리고 그 부르심은 '정치의 자리'가 아니라, '하나님의 자리'에서 시작되는 것임을, 나는 이제야 조금씩 깨닫고 있다.

나는 기도의 무릎을 꿇었고, 회개의 눈물로 바다를 건넜다. 요나는 토해내진 땅 위에서 두 번째 부르심을 받았다. 나도 마찬가지였다. 부끄러운 과거 위에 하나님은 다시 '지금'이라는 무대를 세우셨다.

나의 여정: 광야 끝에서 피어난 순종

요셉의 기다림이 나를 연단했고, 요나의 돌이킴이 나를 변화시켰다면, 그 모든 순간을 지나 나는 이제 나만의 여정을 걷는다. 이 여정은 특별하지 않다. 눈에 띄는 기적도, 드라마틱한 승리도 없다. 그러나 나는 안다. 광야가 끝이 아니라는 것을. 돌이킴이 수치가 아니라 은혜라는 것을. 그리고 부르심은 내가 이룬 성취가 아니라, 내가 마침내 내려놓은 자리에서 시작된다는 것을.

이 여정의 중심에는 더 이상 나의 의지가 있지 않다. 나의 계획도, 성공도, 미래에 대한 기대도 없다. 오직 "주님의 뜻이라면, 어디든 가겠습니다"라는 한 줄의 고백이 있을 뿐이다. 그 고백이 나를 일으켰고, 그 고백이 나를 이끌고 있으며, 앞으로도 그 고백이 나의 길이 될 것이다.

12

침묵 속의 소명: 부서진 자아 위에 다시 시작된 길

물러섬과 침묵이 깊게 깔린 밤, 그때였다. 어둠 속에서 들려온 한 줄기 음성이 내 영혼을 뒤흔들었다. 부르심이었다. 그 소리는 바람처럼 희미했지만, 동시에 뇌리를 떠나지 않는 단단한 울림이었다. 나는 하나님께 끝없이 묻기 시작했다. "왜 내 삶은 이토록 험난합니까? 왜 내가 택한 길은 허망하게 무너졌습니까?"

밤의 물러섬에서 들려온 소리

세상의 무대에서 내려오는 그 순간은 조용히 퇴장하는 것이 아니었다. 마치 누군가 내 인생의 스위치를 꺼버린 듯, 빛도 소리도 한순간에 사라졌다. 고요했다. 그러나 그 고요는 안식이 아닌 불안의 고요였다. 사람들은 내가 물러난 것을 '패배'라 말했지만, 나에게 그것은 하나의 해체였다.

그동안 나는 일로 자신을 규정해 왔다. 정치인, 전략가, 리더…이름들은 많았지만 그 속에서 종종 나 자신을 잊곤 했다. 그러나 무너진 자리에서, 나는 처음으로 나 자신과 대면했다. '나는 누구인가?' 그 물음이 한밤의 거울처럼 나를 향해 들이닥쳤다.

바로 그때였다. 어둠의 정적을 가르고 한 줄기 소리가 영혼을 깨웠다. 명확한 언어는 아니었지만, 그것은 분명한 부르심이었다. 마치 깨어진 마음의 틈 사이로 하나님께서 조용히 들어오신 듯했다. "왜 내 삶은 이토록 험난합니까?" 나는 묻고 또 물었다. 그 질문은 하늘을 향한 원망이 아니라, 무너진 자신을 향한 통곡이었다. 어느 순간, 그 물음은 비난이 아니라 기도가 되었다.

그동안 신앙은 내 삶의 한편, 그저 배경에 지나지 않았다. 먼 풍경 속에서 희미하게 빛나는 별빛처럼, 때로는 존재조차 잊힌 채 지나갔다. 그러나 그 침묵의 밤, 그 소리에 마음이 열리자 신앙은 단순한 배경이 아닌 내 삶의 심장부가 되었다. 나는 점점 말씀 앞에 머물게 되었고, 기도의 자리에서 그분과 마주 앉았다.

> "그가 너를 부르시거든 네가 말하기를 여호와여 말씀하옵소서
> 주의 종이 듣겠나이다 하라"(사무엘상 3:9).

그 부르심은 내 마음 깊숙이 내려앉았다. 기도의 자리에서 '목회'

라는 단어가 번쩍이는 번개처럼 내 안에 꽂혔다. 사실, 십 대 시절, 나는 목사가 되겠노라 서원했었다. 그러나 그 부르심을 외면했다. 세상의 화려한 빛과 소리에 이끌려 정치의 길을 택했다. 내 꿈은 권력과 영향력 속에 있었고, 그 길에서 실패와 좌절을 맛보았다. 경선에서 패배한 그날, 마치 내 인생이 산산조각 난 듯 바닥으로 곤두박질쳤다.

하지만 그 쓰라린 절망의 심연에서, 나는 다시 하나님을 만났다. 무너진 꿈과 깨진 자존감 속에서도, 나는 그분 앞에 무릎 꿇고 새로운 삶을 기도했다.

> "내게 능력 주시는 자 안에서 내가 모든 것을 할 수 있느니라" (빌립보서 4:13).

처음에는 그 부르심을 외면했다. 고개를 저으며, 내 마음속에서는 쏟아지는 질문들이 터져 나왔다. "나는 정치인이 되어야만 했던 사람입니다. 내 실패는 끝인가요? 이 길을 떠나야 하나요?"

그 질문들 앞에 나는 흔들렸다. 하지만 시간이 흐를수록, 하나님 앞에서 점점 선명해지는 그 부르심을 부인할 수 없었다. 현실의 고통과 두려움을 넘어, 영혼의 깊은 곳에서 조용히 울려 퍼지는 그 부르심을 나는 온몸으로 느꼈다. "주여, 이제야 깨닫습니다. 부르심은 듣는 것이 아니라, 받아들이는 것이었음을…."

내 마음속에 뜨거운 결단이 일어났다. 그 부르심 앞에 서자, 세상의 모든 두려움과 아픔이 희미해졌다. 내가 가야 할 길은 현실의 성공과 실패를 뛰어넘어, 오직 하나님께서 내게 주신 사명으로 가득 찬 길이었다. 그 부르심은 번쩍이는 화살이 아니라, 깊고 조용한 강물처럼 내 영혼을 감싸 안았다. 그분의 뜻 앞에 온전히 굴복하는 순간, 나는 비로소 참된 평안을 맛보았다.

> "내가 네게 명령한 것이 아니냐 강하고 담대하라 두려워하지 말며 놀라지 말라"(여호수아 1:9).

부르심을 받은 자는 고난도, 실패도 더 이상 좌절할 일이 아니다. 그것은 하나님께 가까이 가는 신비로운 길이다. 나는 이 길을 택한다. 내 인생의 중심에 하나님을 모시고, 그분의 부르심에 온 마음으로 응답하며 걸어갈 것이다.

비로소 나는 알았다. 부르심은 '받아들임' 그 자체임을. 내 영혼을 부르시는 그 목소리에 나는 이제 온전히 "여기 있나이다" 하고 대답한다. 이제, 나의 이야기는 다시 시작된다. 새벽빛처럼 희망을 품고, 하나님과 동행하는 새로운 여정이 시작된다.

13

침묵의 끝, 다시 시작된 소명

부르심은 하나의 결심이 아니라, 매일의 순종이다. 그리고 그 부르심에 응답한 지금, 나는 더 이상 실패를 부끄러워하지 않는다. 오히려 그 실패가 있었기에 하나님의 음성을 들을 수 있었고, 그 음성 앞에 무릎 꿇을 수 있었다.

묻어둔 서원의 불씨, 다시 깨어나다

사람에게는 잊고 싶어서 묻어둔 게 아니라, 잊을 수밖에 없어서 묻어두는 소원이 종종 있다. 십 대 시절, 한밤의 기도 시간에 입술을 떨며 하나님께 올렸던 서원이 그랬다.

"목회자가 되겠습니다."

그 말은 단순한 미래 직업이 아니라, 내 영혼의 '처음 사랑'이었다.

하지만 인생은 선형이 아니었다. 고백은 진심이었지만, 세상은 내 마음을 이끌어 다른 길로 데려갔다. 세상의 언어는 더 크고 빠르며 화려했기에, 나는 '말씀의 길'보다 '말의 정치'를 선택했다. 세월은 그 고백 위에 먼지를 뿌리고, 다른 길들을 내 눈앞에 펼쳐놓았다. 정치의 언어가, 세상의 전략이, 사람들의 박수가 나를 이끌었다. 그리고 나는 그 흐름에 떠밀려 멀어져갔다.

그러던 어느 날, 인생의 끝자락이라 느껴질 만큼 모든 게 무너진 자리에 섰을 때, 그 서원이 마치 타다 남은 장작 속 불씨처럼 내 안에서 다시 피어올랐다. 말들로 사람을 이기려 했고, 스스로를 속이며 살기도 했다. 그러나 세상의 언어가 멈춘 자리, 다시 들려온 말씀은 마치 오래된 편지를 다시 펼치는 느낌이었다. 나는 다짐했다. '이제는 감정이 아니라, 하나님의 뜻이어야 한다.' 그렇지 않으면 다시는 돌아올 수 없을 것 같았다.

> "그가 너를 부르시거든…주의 종이 듣겠나이다 하라"(사무엘상 3:9).

그날 이후, 나는 기도의 자리에서 무릎 꿇었다. 그 자리는 설득의 자리가 아니었다. 설명도, 항의도 끝난 침묵의 자리였다. 그저 앉아 하나님의 시선을 기다리는 자리였다. 그리고 그 자리에서 '목회'라는 단어가 내 안에 다시 떠올랐다. 처음에는 거부감이 들었다. "하나님,

저는 정치인이 되기 위해 이 길을 걸어왔습니다. 이 모든 실패가 그냥 끝이란 말입니까?"

그러나 시간이 흐를수록, 하나님 앞에서 그 질문들은 항복의 언어로 바뀌기 시작했다. "하나님, 제가 보기엔 잿더미지만, 주님이 보시기엔 이것도 시작입니까?" 그렇게 '소명'은 내가 붙잡는 것이 아니라, 포기 속에서 받아들이는 것이란 사실을 배웠다.

하나님의 뜻을 구하기 위한 40일의 기도

그래서 시작했다. 사순절의 깊고 고요한 새벽을 깨우며, 40일 동안 하나님을 찾기로 결심했다. 마침 교회에서 특별새벽기도회를 진행하고 있었고, 그 흐름 속에서 나의 첫 40일 새벽기도는 무리 없이 이어졌다. 아직 희미한 어둠이 세상을 감싸고 있을 시간, 나는 매일 성전으로 향했다. 그분의 뜻을 구하고, 나의 마음을 쏟아놓았다. 언젠가 하늘 문이 열릴 것이라 믿으며.

그러나 40일이 지나도록 하늘은 잠잠했다. 하나님은 아무 말씀도 없으셨고 나는 외로웠다. 기도의 자리를 지켰음에도 불구하고, 마치 그분이 나의 간절함에 관심조차 없는 것처럼 느껴졌다. 응답 없는 시간은 무겁고 길었다. 이후로도 몇 달은 별다른 변화 없이 흘러갔다. 여전히 말씀을 묵상하고 기도의 무릎을 꿇었지만, 내 안에는 침묵만이 자리 잡고 있었다.

그러던 어느 날, 문득 깨달았다. 하나님은 내가 기도하는 사람으로 남기를 원하신 것이 아니라, 기도를 통해 완전히 변화되길 바라셨다는 사실을. 그분은 내 외면이 아니라, 내 존재의 깊은 뿌리를 만지기를 원하셨다. 나는 기도의 끈을 놓지 않았기에, 그날도 하나님의 뜻을 갈망하며 무릎을 꿇었다. 그리고 다시 그분과 씨름하기로 결심했다.

그해 10월, 두 번째 40일 새벽기도에 돌입했다. 이전보다 더 절실하고 처절하게. 집 근처 조용한 교회에서, 아직 어둠이 물러가지 않은 새벽마다 나는 하나님을 부르짖었다. 그것은 단순한 기도가 아니라 영적 전쟁이었다. 믿음과 의심, 소망과 절망이 교차하는 전장의 중심에서, 나는 하나님과 씨름했다. 그리고 그 전쟁터 한복판에서 내 영혼은 조금씩 깨어나기 시작했다.

응답의 순간

그렇게 40일. 때로는 무릎이 아팠고, 목이 아팠고, 때로는 마음이 메말랐지만, 나는 자리를 떠나지 않았다. 하나님은 침묵하셨지만 나는 떠들었다. 아무 대답 없어도 말씀을 붙들고, 아무 감동 없어도 이름을 불렀다. 하지만 하나님은 나의 근본적인 변화를 요구하셨다. 나는 기도의 끈을 놓지 않았기에 매일 기도 가운데서 하나님의 음성을 듣고 그분의 뜻을 알기를 간절히 원했다.

매일 새벽 눈물로 기도하며 울부짖는 처절한 영적 전쟁을 벌였다. 기도를 방해하는 사탄의 시험을 이기는 것이 중요했다. 모든 것을 내려놓은 상황에서 더는 바닥이 없다고 믿었다. 그러나 어느 날 나의 내면에서 음성이 들리기 시작했다. 마치 어거스틴이 정원에서 "들고 읽어라. 들고 읽어라"는 음성을 들었듯이 "회개하라. 회개하라"는 음성이 내 마음속에서 들렸다.

성령의 탄식이었다. 돌아보니 매일 드리는 기도를 통해 하나님의 뜻을 알려고만 했지, 정작 하나님의 길을 외면하고 세상의 길, 정치의 길에서 살았던 지난날에 대한 회개의 기도가 없었다. 나는 그날 이후 매일 새벽 눈물로 회개의 기도를 시작했다. 기억나는 모든 것을 토해냈다. 그렇게 40일이 거의 다 되던 어느 날 새벽이었다.

14

결단의 새벽, 무너짐의 신비

그렇게 모든 것을 내려놓은 채 엎드려 있던 내 고개가 어느새 들려 있었다. 캄캄한 교회 안, 희미한 불빛 아래 십자가에 달리신 예수님의 형상이 환상처럼 시야에 스며들었다. 그 순간, 들렸다. 소리이되 소리가 아닌 음성. "나는 너를 위해 피 흘려 죽었건만, 넌 나를 위해 무엇을 하느냐?" 그것은 성령의 울림이었다.

무너짐의 새벽, 성령의 울림

그 새벽은 어떤 시작도 아니었다. 오히려 모든 것의 끝처럼 느껴졌던, 마침표에 가까운 시간이었다. 기도가 말라붙고, 찬송이 입술에서 스러지던 그 순간, 나는 나 자신이라는 존재의 밑바닥을 보았다. 꿈도, 이상도, 신념도 탈진한 자리였다. 삶이란 게 이렇게 한없이 무너질 수 있구나, 처음으로 그렇게 느꼈다.

모든 것이 무너져 내릴 것만 같던 새벽이었다. 짓눌린 어깨 위로 보이지 않는 짐이 내려앉았고, 마음은 납덩이처럼 가라앉아 한 걸음 떼기도 버거웠다. 매일 새벽 엎드려 통성으로 부르짖는 기도 속에서, 어느새 뱃가죽이 등에 달라붙는 듯한 통증으로 몸을 조이기 시작했다. 더는 말할 힘도, 찬송할 힘도 남아 있지 않았다. 지쳤다. 아니, 모든 것이 다 끝나버린 듯했다.

교회 안 어두운 기도실. 아무도 없는 공간 속에서, 나는 한 줌의 호흡처럼 앉아 있었다. 통성으로 울부짖던 기도는 어느새 침묵으로 바뀌었고, 그 침묵은 내 안의 가장 깊은 진실을 끌어올렸다. 더는 감출 수 없었다. "하나님, 저 이제는 아무것도 할 수 없습니다." 이 말은 낭패가 아닌 항복이었다. 인간의 자존심이 아니라, 신 앞에 선 피조물의 고백이었다.

결단은 거창한 계획에서 비롯되지 않았다. 오히려 무너짐의 끝자락에서, "이제 제 뜻을 내려놓겠습니다"라는 조용한 고백으로 태어났다. 그것은 어떤 웅장한 드라마의 클라이맥스가 아니라, 눈물 젖은 손끝으로 가만히 내미는 손과도 같았다. 인간적인 도모가 소진된 그 자리에서, 성령은 말씀으로 울려왔다.

"나는 너를 위해 피 흘려 죽었건만, 넌 나를 위해 무엇을 하느냐?"

그 음성은 외침이 아니었다. 고요했고, 낮았으며, 내 영혼 전체를 꿰뚫는 힘이 있었다. 그 한 문장은 책 한 권, 아니 설교 열 편보다도 더 깊었다. 모든 이유가 그 안에 있었다. 그리하여 나는 대답하지 않을 수 없었다. "주님, 이제는 제가 아니라 주님의 뜻대로 하소서."

심장이 멎는 듯한 정적 속에서, 내 몸은 설명할 수 없는 전율에 감싸였다. 그리고…마음속에 말할 수 없는 평안함이, 어둠을 밀어내며 스며들기 시작했다. 가슴 깊은 곳까지 잔잔한 확신이 번져왔다. 처음 느껴보는 감정이었다. 광야를 헤매던 백성이 마침내 만나를 맛보았을 때, 메마른 땅 위로 단비가 내릴 때의 그 생기처럼, 내 영혼이 살아나고 있었다.

그날, 나는 무너졌고, 그 무너짐이 내 신앙의 출발점이 되었다. 인간의 의지가 내려앉는 자리에서 하나님의 역사는 시작된다. 하나님은 내 힘으로 오르려 했던 모든 높은 계단을 무너뜨리신 후에야, 비로소 나를 다시 세우셨다. 거기에는 어떤 영적 공식도, 전략도 없었다. 오직 '신뢰'라는 단어 하나만이 남아 있었다.

그때를 떠올리면 마음 한 켠이 뭉클해진다. 아무도 없는 새벽, 나는 홀로 앉아 있었다. 외로웠고, 지쳤고, 무엇보다 무너져 있었다. 나름대로 열심히 달려왔다고 생각했는데, 어느 순간부터 모든 게 흔들리기 시작했다. 기도는 메말랐고, 믿음은 공허해졌으며, 미래는 안개처럼 흐려져 보이지 않았다. 그런 나에게, 그날 새벽 말씀 한 구절이 다가왔다. 아니, 그냥 '다가온 것'이 아니었다. 가슴을 꿰뚫고, 심장을 울리고, 나의 고백이 되었다.

> "너는 마음을 다하여 여호와를 신뢰하고 네 명철을 의지하지 말라 너는 범사에 그를 인정하라 그리하면 네 길을 지도하시리라"(잠언 3:5-6).

이 말씀이 그날 새벽, 나를 붙들었다. 내가 말씀을 붙잡은 것이 아니라, 그 말씀이 나를 붙들었다. 머리로는 수없이 들어왔던 구절이었지만, 가슴이 그 구절을 진심으로 부른 것은 그때가 처음이었다. 지식이 믿음으로 내려오는 데에는 침묵의 깊이만큼의 시간이 필요했다. 그리고 나는 마침내 내려가는 것을 선택했다. 내 지혜를 내려놓고, 하나님의 지시하심을 받아들이기로 한 것이다.

지금도 나는 그 새벽을 기억한다. 돌이켜보면, 그 새벽은 어떤 이정표와도 같았다. 그날 이후 내 인생이 눈에 띄게 달라졌다는 건 아니다. 여전히 해결되지 않은 문제들이 있었고, 여전히 광야 같은 시간이 이어졌다. 하지만 중심이 달라졌다. 내 길을 내가 만들겠다는 생각 대신, 하나님이 이끄시는 길을 따르겠다는 믿음이 자리 잡았다.

무너짐의 자리, 그것이 출발점이었다

하나님 앞에 무너졌던 그 시간, 그것이야말로 내 인생의 가장 위대한 결단이었다. 결단은 드라마틱한 각성이 아니다. 결단은 인간의 야망이 아니다. 그것은 '고백'이다. 오히려 철저히 낮아지고 무너진 자리에서, "하나님, 이제는 제 뜻 내려놓겠습니다"라는 조용한 고백, 이 짧은 고백이 한 인간의 길을 바꾼다. 아니, 한 영혼을 구원하고, 역사를 움직인다.

하나님의 계획은 소리 없이, 그러나 분명하게 시작되고 있었다. 그리고 나는 알게 되었다. 무너짐은 끝이 아니라 시작이라는 것을. 하나님의 이야기는 바로 그 자리에서부터 쓰이기 시작한다는 것을.

돌아보면, 하나님은 처음부터 거기 계셨다. 내가 무너지길, 아니, 무너진 자리까지 내려오길 기다리고 계셨다. 말씀이 살아서 울리기 시작한 그날부터 하나님의 계획은 소리 없이, 그러나 분명하게 시작되고 있었다. 그리고 나는 지금도 그 말씀을 되뇐다.

> "너는 마음을 다하여 여호와를 신뢰하고 네 명철을 의지하지 말라 너는 범사에 그를 인정하라 그리하면 네 길을 지도하시리라"(잠언 3:5-6).

그 말씀이 내 인생을 바꾸었다.

그 말씀 위에서 나는 다시 일어섰고,
그 말씀 안에서 다시 길을 걸어가기 시작했다.

하나님은 무너진 자리에 찾아오신다.
하나님은 조용한 새벽을 선택하신다.
그리고 그분은 지금도, 낮아진 심령을 찾으신다.

15

결단은 거창한 계획이 아니라 고백이다

주님, 내가 결단이라고 말했던 많은 순간이 사실은 내 뜻을 관철하려는 시도였음을 고백합니다. 주님의 뜻 앞에 무릎 꿇는 것이 진짜 결단임을 이제야 깨닫습니다. 오늘도 제 안의 교만을 꺾으시고, 높아지려는 마음을 낮추시고, 제 계획이 아니라 주님의 음성에 귀 기울이게 하소서. 모든 결정의 중심에 저의 야망이 아니라 주님의 영광이 자리하게 하소서.

우리는 종종 결단을 거창한 계획, 철저한 전략, 대담한 선언으로 생각한다. 그러나 믿음의 여정에서 진짜 결단은 외치는 것이 아니라, 고백하는 것이다. 결단은 손을 들고 나서는 행동 이전에, 무릎을 꿇고 내려앉는 믿음이다.

모세는 불타는 떨기나무 앞에서 신발을 벗었고, 이사야는 하나님의 영광 앞에서 "화로다, 나여, 망하게 되었도다"라고 고백했다. 그들은 먼저 무너졌고, 그 무너짐 위에 하나님의 부르심이 세워졌다. 결단은 위를 향한 출정이 아니라, 아래를 향한 순종이다. 하나님은 그 낮아진 자리에 찾아오시고, 그 고백 위에 길을 여신다.

많은 사람이 결단을 드라마로 여긴다. 그러나 진짜 결단은 조용하다. 광야 같은 마음에서, 메마른 기도의 끝에서, 자기 고집을 버리는 낮은 자리에서 피어난다.

"하나님, 이제는 제 뜻을 내려놓겠습니다."

이 짧은 한 문장이 나의 오랜 방황을 끝냈고, 하나님의 이야기를 시작하게 했다. 내가 변한 것은 아니다. 세상이 달라진 것도 아니다. 하지만 이제는 안다. 하나님의 길은 계시처럼 번쩍이는 것이 아니라, 말씀처럼 서서히 길이 되어가는 것이라는 걸. 그날 이후로, 나는 더 이상 하나님의 뜻을 '묻는 사람'이 아니라 그 뜻을 '따라가는 사람'이 되기를 선택했다.

목회로의 부르심을 확신한 순간

물소리처럼 고요히, 돌을 뚫는 물처럼 뚜렷하게 스며든 그 부르심. 그해 늦가을, 나는 오랜 기도의 골짜기 끝에서 마침내 하나의 문장과 마주했다. 어떤 환상도, 극적인 계시도 없었다. 그저 긴 침묵의 밤을 통과해 온 자에게만 허락되는 조용한 확신. 눈 내리는 들판에 한 걸음씩 쌓이듯, 말없이 내려앉는 감동이었다.

나는 깨달았다. 이제 목회는 내가 결정해야 할 미래의 선택지가 아니었다. 그것은 하나님의 사랑에 대한 응답이자, 더는 외면할 수 없는 부르심이었다. 단지 '어릴 적 품었던 꿈이 다시 살아났다'는 회상에 머물 수 없는, 전 존재를 향한 하나님의 재촉이었다.

하나님은 나를 불러 세우셨다.

"내 양을 먹이라."

그 말씀은 귀로 들은 것이 아니었다. 마음 깊은 곳, 아무도 들어올 수 없는 내면의 방에 불현듯 놓인 하나의 말씀. 누가 지우려 해도 지워지지 않을 하나의 명령이었다.

어린 시절, 목회자가 되겠다고 떨리는 입술로 고백하던 나의 순진한 열망은, 이 순간 하나님의 언어로 다시 번역되었다. 그것은 더 이상 '내가 하고 싶은 일'이 아니었다. 이 길을 걷지 않으면 안 된다는, 도망쳐도 다시 돌아올 수밖에 없는 부르심이었다. 그때부터 나는 한 가지를 더 분명히 알게 되었다. 이 부르심은 나의 능력이나 자격과 무관했다는 것을.

하나님은 내게 무엇을 할 수 있느냐를 묻지 않으셨다. 단지 "네가 나를 사랑하느냐"고 물으셨다. 그 사랑 앞에서 나는 "주님, 제가 주를 사랑하는 줄 주께서 아시나이다"라고 고백할 수밖에 없었다. 이어령 선생의 표현을 빌리자면 그것은 존재의 언어였다. 논리나 의무의 언어가 아니라, 삶 그 자체를 통해 말해지는 언어.

'사명'이라는 단어도 그 순간부터는 무겁게 다가오지 않았다. 오히려 자연스러웠다. 사람이 숨을 쉬듯, 사랑하는 사람 앞에 서듯, 나는 그 부르심 앞에 서 있었다. 그리고 다짐했다. 앞으로의 인생은 하나님께 받은 이 초대를 붙드는 길 위에서 펼쳐질 것이라고.

목회는 나에게 있어 '되면 좋고, 안 되어도 그만인' 일이 아니었다. 그것은 이제 내 존재의 중심, 나를 나 되게 하는 이유가 되었다. 거룩한 부담감이자, 한 번도 놓을 수 없을 거룩한 끈이었다.

다만, 나는 여전히 떨렸다. 무서웠다. 내가 감당할 수 있을까? 정말 하나님이 나를 쓰실까? 그러나 하나님은 묻지 않으셨다. "할 수 있느냐?"가 아니라, "사랑하느냐?"고만 물으셨다. 그리고 다시 말씀하셨다.

"내 양을 먹이라."

그날 이후, 나는 알게 되었다. 목회는 결코 직업이 아니고, 설교는 단지 말을 잘하는 기술이 아니며, 교회는 운영의 대상이 아니라 하나님의 몸이라는 것을. 나는 이제부터 하나님의 마음을 품은 자로 살아가야 한다는 것을. 한 영혼을 품기 위해 매일 무릎 꿇어야 한다는 것을. 부르심은 그렇게 시작되었다. 하늘에서 내려온 불길이 아니라, 눈 덮인 들판에 새겨진 걸음처럼 조용히, 그러나 분명하게.

그날 이후, 나는 더 이상 이전의 나일 수 없었다. 이제 내 안의 부르심이 나를 이끌고 있었다. 사람들이 보지 않아도, 누가 알아주지 않아도 하나님이 아시기에, 나는 가야 했다.

그날 나는 알았다. 내가 평생을 살아가도 이 부르심 앞에서는 변명하거나 도망칠 수 없으리란 것을. 그 순간 이후, 목회자로 사는 삶이란 '될 수 있다면 좋은 것'이 아니라 '그렇지 않으면 안 되는 것'임을 확신하게 되었다.

그리고 이제, 나는 고백한다. 그 부르심이 없었다면 나는 지금 어디에 있었을까? 살아도 살아 있는 것이 아니었을 것이다. 하나님의 부르심은 나를 다시 살게 했다. 내 존재를 새롭게 했다. 무너짐의 끝에서 시작된 그 길. 나는 그 길을 이제 기꺼이 걷고 있다.

16

광야를 향한 순례

영향력을 행사하고, 구조를 바꾸고, 목소리를 전달하고 싶은 그 충동은 단지 직업적 욕망이 아니었다. 그것은 인간 됨 그 자체에 깊숙이 자리 잡은 본능이었다. 그렇기에 나는 목회자의 길을 선택했어도 여전히 권력의 그림자를 더듬고 있었다. 내가 미국을 택할 수밖에 없었던 근본적 이유가 여기에 있었다.

"왜 하필 미국인가요?"

이 질문은 타인의 입에서 나왔지만, 사실은 내 안에서 가장 오래 머문 물음이었다. 질문이란 것이 대체로 그렇다. 타인의 목소리를 빌려 내 영혼을 찌르는 방식으로 다가온다. 미국은 내게 번영과 자유의 나라가 아니었다. 그곳은 내가 철저히 무력해질 수밖에 없는 '광야'였다. 이름도, 업적도, 과거의 화려함도 무용지물이 되는 공간. 그런 이유로 그곳을 택했다.

사람들은 흔히 떠남을 자유라 말한다. 하지만 나는 한국을 떠나면서, 처음으로 내가 한 번도 떠나본 적 없는 세계에 발을 들이게 되었음을 깨달았다. 한국 사회라는 정교한 거미줄 안에서, 나는 여전히 과거의 이름표를 달고 살고 있었다. 그 이름은 나를 설명해 주는 동시에 나를 가두는 족쇄였다. 정치인의 경력, 강단에서의 외침, 이름 앞에 붙는 수식어들. 그것은 명예가 아니라 나를 삼킨 무게였다.

하나님을 따른다고 말했지만, 정작 내 마음은 여전히 '나'라는 우상을 예배하고 있었던 것이다. 나의 입지는 나의 정체성으로, 나의 성취는 나의 신앙의 증표처럼 여겨졌다. 그 믿음은 믿음이 아니라 가면에 불과했다. 떠난 줄 알았지만 아직 떠나지 못한 자로 살아가고 있었던 것이다.

정치라는 언어는 내 영혼의 어휘였다. 그것은 단순한 직업이 아니라 존재의 리듬이자 삶의 문법이었다. 한국에서 신학대학원 문을 두드리는 것이 어려웠다. 왜냐하면 인생의 급류 속에서도, 나는 오래도록 정치라는 불꽃을 가슴에 품고 살아온 사람이었다. 꿈을 꾸었고, 싸웠고, 때로는 지치고 무너졌지만, 그 세계에서 완전히 자유로울 수는 없었다. 목회자의 길을 향한 발걸음을 내디뎠다 해도, 정치와 권력의 속삭임이 여전히 귓가를 맴돌 수 있었다. 그것은 단순한 유혹

이 아니라, 오랫동안 살아온 언어이자 리듬이었기에 나는 다시 문밖으로 뛰쳐나올 수 있었다.

정치는 인간의 본성 깊숙한 곳에서 피어나는 갈망이었다. 아리스토텔레스가 말했듯 인간은 정치적 동물이다. 영향력을 행사하고, 구조를 바꾸고, 목소리를 전달하고 싶은 그 충동은 단지 직업적 욕망이 아니었다. 그것은 인간 됨 그 자체에 깊숙이 자리 잡은 본능이었다. 그렇기에 나는 목회자의 길을 선택했어도 여전히 권력의 그림자를 더듬고 있었다. 내가 미국을 택할 수밖에 없었던 근본적 이유가 여기에 있었다.

그러나 바로 그때, 하나님의 음성이 내 안에 떨어졌다. 차디찬 새벽처럼, 동시에 따뜻한 손길처럼. "이제, 나만 붙잡아라." 단호하면서도 자비로운 음성. 나는 그 말씀 앞에 무너졌다. 머리로가 아니라 삶으로 무너졌다. 쌓아온 모든 것들이 무너졌고, 그것이 은혜였다. 그리고 결단했다. 이 광야의 길을 가기로. 익숙한 세계에 등을 돌리고, 낯선 하나님께 얼굴을 들기로.

광야는 외로운 길이었다. 인간의 위안이 닿지 않는 땅. 기대할 사람도, 매달릴 안전망도 없었다. 그러나 바로 그 자리에서, 나는 하나님이 일하신다는 진리를 배우기 시작했다. 아무것도 붙들 수 없는 자리에서야 비로소, 하나님 한 분만을 붙들 수 있게 된다. 그게 광야의 진짜 수업이었다.

이스라엘 백성이 애굽의 고기 냄비를 뒤로하고 하늘의 만나로 하루를 견뎠듯, 나 또한 세상의 명예와 영향력을 내려놓고 하나님의 공급만으로 살아야 했다. 그 모든 과정은 '믿음'이라는 단어의 새로운 정의를 내게 심어주었다. 믿음이란 하나님의 공급만으로 하루를 살아낼 수 있는 용기였다.

이제 나는 안다. 광야는 끝이 아니라 시작이라는 것을. 하나님은 언제나 낮은 자리를 기뻐하신다는 것을. 정치가 아니라 예배를, 영향력이 아니라 섬김을, 사람의 칭찬이 아니라 하나님의 음성을 따르는 삶. 나는 그 부르심을 따라나섰다. 오직 한 가지, '주님의 부르심'을 붙잡고.

결단은 새벽에 온다. 아직 어둠이 짙게 드리운 그 시간에, 빛은 출발한다. 내가 떠난 그 새벽, 세상은 여전히 어두웠지만, 내 안에는 분명히 해가 떠오르고 있었다. 그것은 시작이었다. 광야를 걷는 순례자의 시작.

17

준비의 골짜기

그 안에서 나는 하나님을 새롭게 알았고, 나 자신을 다시 읽었고, 부르심을 다시 정의했다. 준비는 기다림이 아니었다. 그것은 조용한 순종의 다른 이름이었다. 그리고 오늘도 나는 그 골짜기에서 배운 걸음으로 광야 같은 길을 걷고 있다. 아니, 부르심의 길을 걷고 있다.

결심은 번개처럼 내려온다. 언제나 그렇다. 논리도, 설득의 계단도 밟지 않는다. 마치 벼락이 나뭇가지를 꿰듯, 그 순간은 삶의 중심을 관통한다. 나도 그랬다. 목회자의 길, 신학의 여정 그리고 미국이라는 미지의 대륙. 그것은 선택이 아니라 응답이었다. 영혼 깊은 곳에서 '예'라는 음절 하나가 하늘을 향해 솟구쳤다.

그러나 '예'는 단어로는 짧았지만, 현실이 되기까지는 길고 질긴 시간을 통과해야 했다. 결단은 찰나였고, 준비는 계절과 같았다. 그 계절은 고요했지만 한순간도 평온하지 않았다. 침묵은 있었으나, 그 안에는 말보다 더 거센 물살이 흐르고 있었다. 마치 겨울 땅 밑에서 생명이 잠들어 있는 줄 알았으나, 그 밑에서는 뿌리가 조용히, 쉼 없이 자라고 있는 것처럼.

영어를 손에서 놓은 지 너무 오래였다. 한 문장을 쓰려 해도 사전을 수없이 들춰야 했고, 몇 시간을 컴퓨터 앞에 앉아 있어도 원서는 한 줄도 진전되지 않는 날이 허다했다. 그런 날이면 깊은 자괴감에 빠져 책상에 머리를 묻곤 했다. 그 와중에 토플 준비도 해야 했다. 사방이 막힌 듯한, 계곡 깊은 곳을 홀로 걷는 기분이었다.

"하나님, 정말 이게 주님의 뜻이 맞습니까?"

그 질문은 어느 날 갑자기 떠오른 것이 아니라, 매일의 기도 속에서 점점 굵어진 의문이었다. 비자 문제는 생각보다 훨씬 까다로웠고, 작은 서류 하나의 누락이 몇 주의 지연으로 이어졌다. 학교가 요구한 재정 증빙 서류를 준비하며 통장을 들여다보던 그날, 나는 가장으로서의 무게에 한숨이 나왔다. 정치에 뛰어들며 흘린 시간과 돈은 이제 고스란히 나의 현실적 부담이 되어 돌아오고 있었다.

아이들의 교육비, 아내의 염려, 생활비까지 모든 것이 나를 흔들었다. 그러나 바로 그 시기에, 하나님은 뜻밖의 방식으로 응답하셨다.

뜻하지 않게 연결된 재정적 도움, 예상보다 빠른 비자 발급 그리고 한 통의 격려 가득한 이메일. 그것들은 마치 깊은 골짜기를 지나는 내게 비치는 작고 희미한 등불 같았다. 하지만 그 빛은 분명히 나를 앞으로 이끌었다.

처음 미국 땅을 밟은 것은 국회부의장 비서실장 시절, 미 의회 초청 연수를 통해서였다. 단 일주일이었지만, 낯설고도 인상 깊은 그 경험은 훗날 미국에서 신학을 공부해야겠다고 결심하는 작은 불씨가 되었다. 그리고 나는 여러 학교를 검토한 끝에 뉴저지에 위치한 뉴브런즈윅 신학대학원(New Brunswick Theological Seminary)을 선택했다. 언더우드 선교사가 졸업한, 그가 연세대학교를 세우게 된 출발점이 된 학교. 그 학교를 택한 이유는 단순했다. 나 역시 연세대학교 출신이었고, 그의 비전을 이어가고 싶었다.

입학처에 메일을 보냈다. 내 삶의 전환점이 된 회심의 이야기와 간단한 이력 그리고 신학을 공부하고자 하는 열망을 담았다. 토플을 준비하며 럿거스 대학교(Rutgers University) 어학원(ELS)에 등록하고 싶다는 의사를 전하며 기숙사 이용 가능 여부도 문의했다. 며칠 뒤 도착한 답장은 짧았지만 따뜻했다. 나의 급격한 영적 변화에 감동했다며, 기숙사 제공이 가능하다는 환영의 메시지가 담겨 있었다.

답장을 읽던 순간, 나는 조용히 숨을 고르며 창밖을 바라보았다.

하나님은 여전히 길을 만드시는 분이라는 사실이 가슴 깊이 다가왔다. 혼자서 걷는 줄 알았던 광야의 길도, 사실은 그분의 손길이 먼저 지나간 자리였다.

그때 나는 알았다. 하나님은 길을 만드시는 분이라는 것을. 광야든, 계곡이든, 낯선 타국이든, 순종하는 자를 결코 홀로 두시지 않는다는 것을. 그분은 길을 만드시고, 동행하신다. 뉴브런즈윅의 낯선 하늘 아래에서 나는 점점 또렷이 들을 수 있었다. 새벽을 깨우며 드린 기도 속에서, "내가 너를 보내노니, 두려워하지 말라"는 하나님의 음성이 점점 선명해졌다. 그 음성이 나를 매일의 걸음으로 이끌었다. 믿음은 거대한 확신이 아니라, 그날 하루를 살아낼 용기라는 것을 그제야 알았다. 그리고 그 작은 용기 속에 하나님은 언제나 동행하셨다.

준비의 골짜기는 외로운 장소가 아니었다. 가장 깊은 친밀함의 골방이었다. 그 골짜기는 깊고 어두웠으나, 주님의 임재는 그 무엇보다도 환하고 분명했다. 지금 돌아보면, 실패의 무릎과 불안의 눈물 사이에서 피어난 작은 기도들이 결국 나를 미국 땅으로 향하는 믿음의 여정으로 이끌었다. 믿음은 때로 거대한 확신이 아니라, 매일의 작고 조심스러운 한 걸음이다. 나는 그 한 걸음을 걸었다. 그리고 하나님은, 그 걸음마다 동행하셨다.

18

이 길 끝에 주님이 계시기를

"보라 내가 새 일을 행하리니 이제 나타낼 것이라 너희가 그것을 알지 못하겠느냐 반드시 내가 광야에 길을 사막에 강을 내리니"(이사야 43:19).

그 말씀이 나의 등불이 되었다. 그 후로 나는 모든 고난과 메마름 속에서도 그 말씀을 붙잡고 광야를 걸었다. 그리고 지금도, 그 말씀은 여전히 내 안에서 살아 숨 쉰다.

떠남의 짐은 눈물로 싸인다

사람은 짐만 싸서 떠나는 것이 아니다. 기억도 싸야 하고, 눈빛도 싸야 하고, 말끝에 남겨진 침묵까지 조심스럽게 접어야 한다. 출국을 앞두고 마음이 복잡했던 이유는, 공항에 들고 갈 캐리어 때문이 아니었다. 떠나보내는 이들의 눈물과 침묵이 내 안에 무겁게 내려앉아 있었기 때문이다.

"지금까지 쌓아온 것들이 아깝지 않으냐."
"그 좋은 경력과 영향력을 왜 내려놓느냐."
"다시 시작하면 반드시 기회가 올 텐데."
"이 나이에 인생을 바꾸기엔 너무 늦은 거 아니냐."

이 말들은 누군가의 걱정이라는 옷을 입고, 가끔은 비수처럼 날아들었다. 그러나 내 마음을 가장 깊이 찢은 건 말이 아니라, 말이 없던 순간이었다. 그저 눈가에 고요히 맺히던 물기. 마치 이별이 말로는 닿을 수 없다는 듯, 말 대신 흐르던 눈물들이었다.

치매 초기 증세로 기억의 강을 건너고 있던 어머님. 내가 어디로 가는지조차 분간하지 못한 채, 막내아들을 멀리 보내는 줄도 모르고 앉아 계시던 그 모습. 떠나기 전날, 어머니의 손을 꼭 잡고 마지막 인사를 건넸을 때, 그 손끝의 떨림이 아직도 마음 한구석에 남아 있다. 나는 어머니의 눈동자에 말을 잃었고, 가슴은 찢어졌다.

아내는 매일 불안과 걱정으로 나를 바라보았다. 말은 하지 않았지만, 그녀의 눈빛은 밤마다 묻고 있었다. "정말 이 길이 맞는 걸까?" 가족들 또한 조심스러운 침묵으로 나를 지켜봤다. 말하고 싶은 것이 많았을 것이다. 그러나 내가 이미 결심했음을 알았기에 누구도 함부로 그 벽을 넘지 못했다. 가족들의 마음속에 맴도는 말들이 모두 나의 짐이 되었다. 물론 그들이 말하지 않은 말들이 오히려 더 크게 들렸다. 그것들은 기도였고, 걱정이었고, 일종의 사랑이었다.

나는 알았다. 이 떠남은 단순한 여행이 아니란 걸. 가족의 마음에 작은 금을 내고, 공동체의 기억 속에 빈자리를 남기며 가는 길이었다. 짐을 싸며 내가 끌어안았던 것은 가방 속의 물건이 아니라 사람들의 기대와 아쉬움, 그리고 내가 떠나며 남긴 고요한 상처들이었다.

그러나 그 모든 짐을 짊어진 채, 나는 결국 떠나야만 했다. 믿음은 때로 사랑하는 이들의 눈물 위를 걷는 일이다. 부르심 앞에서 망설이는 건 순종이 아니라 타협이었다. 그래서 나는 그날, 광야의 입구에 들어서듯 비행기에 올랐다. 이별의 말 대신 등에 진 것은 '미처 말하지 못한 안녕'들이었다.

그 길의 시작에 말보다 눈물이 먼저 앞섰다. 그 눈물은 작별의 말이었고, 축복이었고, 어떤 기도보다도 깊은 울림이었다. 광야는 그렇게 열린다. 침묵으로, 눈물로 그리고 사랑으로.

길 끝에 빛이 있기를 - 광야 앞에서의 묵상

출국을 앞둔 마지막 밤, 집 안은 마치 숨을 멈춘 듯 고요했다. 익숙한 공간이었지만 낯설게 느껴졌다. 텅 빈 가방은 이미 꽉 찼고, 비행기 티켓도 손에 쥐었건만, 내 안에는 설명할 수 없는 무게가 내려앉아 있었다. 가족들은 잠들어 있었다. 그러나 그 침묵은 수면 중인 고요가 아니었다. 말로 표현되지 못한 사랑과 불안이 마치 투명한 연기처럼 방 안을 감놓고 있었다.

가방 위에 놓인 오래도록 내 손길을 받아온 성경책 한 권. 손때 묻은 페이지들 사이, 한 구절이 빛처럼 내 마음에 박혔다.

> "네 길을 여호와께 맡기라 그를 의지하면 그가 이루시고"(시편 37:5).

그 말씀 앞에서 나는 무릎을 꿇었다. 손으로 기도한 것이 아니라, 존재 전체로 기도했다. 내 영혼 깊숙이에서 길어 올린 기도는 단순했다.

"주님, 이 길의 끝에 주님이 계시기를 바랍니다.
비록 사람들이 박수를 치지 않아도,
주님의 눈길 한 번이면 충분합니다.
그러니 제 눈으로 이 길을 재단하지 않게 하소서.
주님의 시선으로 걷게 하소서."

그 밤, 나는 말 없는 고백으로 작별을 했다. 삶이라는 낡은 신발을 벗고, 믿음이라는 맨발로 광야의 입구에 섰다.

다음 날 인천공항. 사람들은 분주했고, 시간은 흐르고 있었지만, 내 시간은 마치 유리병 속의 시계처럼 느리게 움직였다. 체크인을 마치고 출국장 문턱 앞에 섰을 때, 나는 문득 뒤를 돌아보았다. 언제 다시 느껴볼지 모를 한국의 공기를 마지막으로 느끼기 위함이었다. 몸이 아니라 마음이 그 바람을 먼저 느꼈다. 나는 속으로 말했다.
"이 땅에서의 나를 벗고, 이제는 주님의 사람으로 다시 입겠습니다."

비행기 창 너머로 펼쳐진 구름과 하늘은, 마치 예언처럼 느껴졌다. 광야는 시작되었고, 동시에 하나님의 장막이 펼쳐질 자리였다. 나는 눈을 감고 다시 속삭였다.

"주님, 이 길 끝에 주님이 계시기를…
제가 다시 이 땅에 돌아올 땐,
신학을 배운 사람이 아니라,
주님과 함께 광야를 걸어낸 사람이 되게 하소서."

태평양을 건넌 그 여정은 지도로는 직선이었지만, 영혼으로는 순례의 길이었다. 목적지는 지명이 아니라 소명(召命)이었고, 비행은 여정이 아니라 부르심에의 응답이었다. 그때 하나님은 또 다른 말씀으로 나를 붙드셨다.

"보라, 내가 새 일을 행하리니 이제 나타낼 것이라
너희가 그것을 알지 못하겠느냐?
반드시 내가 광야에 길을, 사막에 강을 내리니"(이사야 43:19).

그 말씀이 내 영혼의 등불이 되었다. 모래바람이 몰아쳐도, 고요한 밤이 깃들어도, 나는 그 말씀 한 줄 붙잡고 걸었다. 말씀이 내 양식이 되었고, 기도가 내 호흡이 되었다.

Way Maker

그분은 길을 만드시는 분이다.
길이 끊긴 곳에 길을 내시고,
강이 말라버린 자리에 샘물을 터뜨리시는 분이다.
그 하나님이 계시기에, 나는 두려움 없이 광야를 걸어갈 수 있었다.
그리고 지금도, 그 길 한가운데서 나는 여전히 속삭인다.
"주님, 이 길 끝에, 당신이 계시기를…."

제3부

광야에서 만난 하나님

미국, 낯선 땅에서의 훈련과 순종

19

광야의 땅에서 다시 소명을 붙잡다

아들의 기도는 내 사명을 다시 붙잡게 했고, 내 눈물은 조용히 그 밤의 공기를 적셨다. 열 살 아들의 입을 통해 들려온 그 순결한 고백은, 내 마음 깊은 곳에 하나님께서 주신 소명을 각인시켰다. 세월이 흘렀지만 나는 여전히 그 밤을 기억한다. 이방 땅에서 드려진 한 아이의 기도. 그 기도는 지금도 나를 울린다. 그리고 그 기도는 여전히 나를 부르신 하나님의 손길을 증언하고 있다.

낯선 곳에서 드린 아들의 기도

2005년 8월 16일, JFK 공항에 내린 순간, 나는 한 세계가 저문 자리에서 또 다른 세계가 열리고 있음을 느꼈다. 익숙한 인천공항 풍경과는 전혀 다른, 인종과 언어가 뒤섞인 공기는 낯설고도 경이로웠다. 사람들의 말소리는 웅성임을 넘어 파도처럼 밀려들었고, 그 속에서 우리 가족만이 유일하게 한국어를 사용하는 이방인 같았다.

입국 심사대 앞에 길게 늘어선 줄에 선 채 나는 속으로 되뇌었다. '이제 정말 미국 땅을 밟았구나.' 처음 영어로 나의 의사를 전한 순간, 어순도 문법도 엉망이었지만 심사관은 신기하게도 내 말을 알아들었다. 그것이 어쩌면 내가 이 땅에서 처음 경험한 은혜였는지도 모른다.

뉴브런즈윅 신학대학원을 졸업한 한 목사님께서 공항으로 마중 나오셨다. 그분의 차를 타고 조지 워싱턴 브리지를 지나 뉴저지로 들어서는 길, 나는 창밖으로 스쳐가는 풍경보다 내 안에서 스쳐가는 감정에 더 집중하고 있었다. 이민자의 삶이 이제 막 시작되려 하고 있었다.

프린스턴 입구, 플레인스보로(Plainsborough)라는 이름도 낯선 마을에 짐을 풀고 기숙사 생활을 하며 토플 준비에 몰두하던 나날들. 교회와의 연결, 현지 부동산 중개인을 통한 주거지 마련 그리고 이방인에게 손 내밀어 준 따뜻한 이들의 손길. 모두 하나님께서 미리 예비해 두신 은혜였다. 나는 이 땅에서 처음으로 '선한 순환'이라는 것을 체험했다. 내가 받았던 도움을 언젠가 누군가에게 돌려줄 수 있기를 꿈꾸며, 작은 감사의 기도를 매일 드렸다.

하루이틀 시간이 흐르자 집은 점차 '우리의 공간'이 되어갔고, 나는 결혼 이후 처음으로 가족의 삶을 가까이에서 돌보며 일상의 고요한 감사를 배워갔다. 특별히 나의 두 아이, 아들과 딸은 새로운 환경을 기대감으로 받아들였고, 마치 이 나라가 오래전부터 자기들의 고향이었던 것처럼 금세 적응해 나갔다. 영어가 서툰 나와 달리, 그들은 나보다 앞서 이 땅의 언어와 문화에 스며들었다. 아이들의 웃음소리와 "아빠, 여기 너무 좋아요"라는 말 한마디에, 나는 내가 선택한 길이 결코 헛된 것이 아님을 다시금 깨달았다.

그러던 어느 토요일 저녁, 아들과 함께 집 근처 작은 공원을 산책하던 중 우리는 벤치에 앉아 이런저런 이야기를 나누었다. 그리고 말없이 서로의 손을 잡았다. 나는 아이에게 조심스럽게 말했다. "아빠를 위해 기도해 줄 수 있겠니?" 그 순간, 열 살 아들은 내 눈을 똑바로 바라보다가 두 눈을 감고, 작은 손으로 내 손을 꼭 잡고 기도하기 시작했다. 그 어린아이의 입술을 통해 흘러나온 기도는 하늘을 울렸고, 나의 마음을 무너뜨렸다.

"하나님 아버지, 우리 아빠가 목사가 되기 위해 미국에 왔습니다. 우리는 미국을 모릅니다. 그리고 아는 사람도 없습니다. 아빠가 힘을 내게 해주세요. 그리고 아빠의 교회가 작든 크든 상관없습니다. 아빠의 교회가 사랑이 넘치는 교회가 되게 해주세요."

그 기도는 내 사명을 다시 붙잡게 했고, 내 눈물은 조용히 그 밤의 공기를 적셨다. 열 살 아들의 입을 통해 들려온 그 순결한 고백은, 내 마음 깊은 곳에 하나님께서 주신 소명을 각인시켰다.

세월이 흘렀지만 나는 여전히 그 밤을 기억한다. 이방 땅에서 드려진 한 아이의 기도. 그 기도는 지금도 나를 울린다. 그리고 그 기도는 여전히 나를 부르신 하나님의 손길을 증언하고 있다.

낮아짐의 복음, 신학교의 시간

뉴저지에 발을 디딘 지 한 달, 인디언 서머의 마지막 불꽃이 하늘에 닿을 듯 타오르던 어느 날, 나는 낯선 도시의 따스한 햇살과는 다르게 마음속 깊은 곳에 얼어붙은 조각을 안고 있었다. 낯선 땅, 낯선 말, 낯선 사람들. 모든 것이 새로웠고, 동시에 모든 것이 두려웠다.

신학교 캠퍼스는 단정하고 조용했다. 붉게 물든 단풍들 사이로 바람이 스치면 마치 누군가의 기도가 흘러가는 듯 고요한 떨림이 느껴지곤 했다. 나는 그 속에서 다시 '학생'이라는 이름을 받았다. 동시에 '낯선 이방인'이라는 외로운 정체성도 함께 주어졌다. 목회라는 부르심에 순종하여 이 길에 들어섰지만, 그 길은 환영의 축복이 아닌 침묵의 관문으로 나를 초대하고 있었다.

입학 과정은 그 자체로 하나의 긴 광야였다. 수차례의 인터뷰와

입학 서류들, 영어로 작성된 자기소개서와 신앙 고백서 그리고 장학금 심사 과정까지. 모든 절차 하나하나가 언어의 벽과 싸우는 일이었고, 결국 내게는 기도와 눈물로 쓴 고백의 시간이 되었다. 가을학기 수업 신청이 마무리되어 모든 절차가 통과되었을 때, 기쁨보다 안도의 한숨이 먼저 터져 나왔다. '이제 시작이구나.'

수업은 예상했던 것보다 훨씬 치열했다. 교수들의 말은 논리와 신앙이 밀도 높게 엮인 직조물 같았고, 그 말들은 종종 내 머릿속을 그대로 통과해 버렸다. 신학 서적은 한 문장을 이해하는 데 한 시간이 걸릴 정도였고, 사전을 붙들고 씨름하며 밤을 지새우는 일이 일상이 되었다. 다음 날 수업에서 내 차례가 되면, 나는 단어들을 머릿속에서 끌어올리느라 말을 더듬었다. 눈앞에 앉은 미국 학생들의 시선은 친절했지만, 나는 자주 나 자신이 한없이 작고 무능하게 느껴졌다.

한국에서 나는 정치와 공공 현장에서 일하며, 수많은 이들과 회의하고 지도하며 살아왔다. 명함 한 장이면 쉽게 신분을 설명할 수 있었고, 나의 말은 때로 사람들의 결정을 이끌어내는 무게를 지니곤 했다. 그러나 여기서는 아무도 내 과거를 알지 못했다. 그리고 그것은 어쩌면 하나님의 의도였는지도 모른다.

"내가 너를 쓰기 위해 먼저 너를 낮추리라."

그분의 음성 같던 한 구절이 내 마음을 깊이 쪼갰다. 하나님은 내가 쌓아 올린 경력과 언어가 아닌, 나의 본질을 다듬고 계셨다. 높아지려 했던 모든 마음이 부서질 때, 나는 비로소 복음의 깊은 뿌리, '낮아짐'의 진리를 배우기 시작했다. 이것은 단지 언어의 문제가 아니었다. 나의 자존심과 기대, 세속적인 확신을 내려놓고 다시 그리스도의 무릎 아래 앉는 일이었다.

신학은 단순한 지식 축적이 아니었다. 말씀과 교리를 공부할수록 나는 삶을 다시 읽는 새로운 렌즈를 갖게 되었다. 성경은 한때 정치적 수사처럼 인용되던 문장이 아니라, 내 영혼의 상처를 드러내고 동시에 치료하는 거룩한 칼이 되었다. 매일같이 강의실에서 듣는 조직신학과 성경해석학, 교회사와 실천신학 수업들은 단순한 정보가 아닌, 하나님을 더 깊이 아는 통로였고, 그 속에서 나는 '이 길이 내 길인가'에 대한 확신의 불빛을 발견하곤 했다.

어느 날 수업 후, 나보다 열 살은 어린 미국인 동료 학생이 다가와 말했다.

"당신의 영어는 간절함이 묻어나요. 그 간절함이 제 마음에 전달돼요."

그 한마디가 내게는 살아 있는 복음이었다. 언어의 한계 너머로 진심이 전해졌고, 그의 배려는 나의 부족함을 덮는 은혜였다. 나는 그날 이후 '영어를 잘 못하는 한국인'이 아니라, '소명을 좇는 순례자'로 다시 서게 되었다.

시간이 지나고 나의 배경과 한국에서의 삶을 조금씩 알게 된 동료들은 강의실이나 카페에서 나의 선택에 경의를 표하곤 했다. 그러나 나는 알고 있었다. 그들이 존경하는 것은 내 과거가 아니라, 그 모든 것을 내려놓고 다시 배우고자 하는 나의 현재였다.

신학교의 시간은 고된 겨울 같았지만, 그 겨울 끝에서 나는 봄의 뿌리를 내리고 있었다. 하나님은 낮아진 자를 세우신다는 복음의 진리를, 내 삶의 실제로 보여주고 계셨다.

20

신학교,
소명의 길 위에서

신학교의 시간은 고백 없는 교리는 메마르고, 순종 없는 지식은 교만하다는 사실을 내게 가르쳤다. 말씀을 배울수록 설교자가 되기보다 먼저 하나님의 말씀 앞에 무릎 꿇는 사람이 되어야 한다는 진리를 배웠다. 강의실에서 배운 신학 이론이 기도의 자리에서 울림으로 다가오는 날이면, 나는 이 길이 단순한 학문이 아니라 살아 있는 부르심임을 느꼈다.

신학교의 첫해가 끝날 무렵, 나는 비로소 이 길이 '내 길'임을 고백할 수 있게 되었다. 처음 이곳에 도착했을 때, 나는 소명보다는 선택에 가까운 확신을 품고 있었다. 신앙의 헌신보다는 사명의 감동을 따라왔다고 말하는 편이 더 정확했을지도 모른다. 그러나 수많은 좌절과 눈물의 골짜기를 지나며, 하나님은 내게 소명이라는 단어의 무게를 다시 가르치셨다.

소명은 단지 부름받는 순간의 전율이 아니었다. 그것은 불확실한 내일에도 불구하고 그 길을 계속해서 걷게 하는 인내요, 어제의 실패에도 오늘 다시 주의 이름을 부르는 충성의 걸음이었다. 나는 매일 아침 작은 골방의 책상에 앉아 성경을 펼쳐 들며, 하나님의 말씀이 얼마나 정밀하고 무서운 사랑으로 짜여 있는지를 깨달아갔다.

신학교의 시간은 고백 없는 교리는 메마르고, 순종 없는 지식은 교만하다는 사실을 내게 가르쳤다. 말씀을 배울수록, 설교자가 되기보다 먼저 하나님의 말씀 앞에 무릎 꿇는 사람이 되어야 한다는 진리를 배웠다. 강의실에서 배운 신학 이론이 기도의 자리에서 울림으로 다가오는 날이면, 나는 이 길이 단순한 학문이 아니라 살아 있는 부르심임을 느꼈다.

그러던 어느 날, 한 교수님이 강의 도중 말씀하셨다. "신학은 단순히 하나님을 설명하는 작업이 아니라, 하나님 앞에서 나를 해체하는 작업입니다." 그 한마디는 마치 돌무더기 아래 묻혀 있던 내 존재를 꺼내어 빛 앞에 세워주는 듯한 충격으로 다가왔다. 나는 신학을 공부하며 하나님을 더 많이 이해하려 했지만, 정작 그분은 내가 나 자신을 더 깊이 알게 하시고, 결국 그분 앞에 엎드리게 하셨다.

내가 이 길을 선택한 것이 아니라, 이 길이 나를 부른 것이라는 확신은 그렇게 하루하루 쌓여갔다. 언젠가 이 길의 끝에서 다시 한국으로 돌아가야 한다는 마음도 여전히 나를 이끌었지만, 이제는 그 길이 성공이나 결과의 문제가 아니라, 하나님의 신실하심에 대한 응답이라는 것을 알게 되었다.

소명은 끝까지 가야 진짜가 된다. 내가 가는 이 길이 끝끝내 광야일지라도, 그 광야 한복판에서 만나 주시는 하나님이 나의 증거요 능력이라는 고백, 그것이 나를 이끌고 있었다.

광야의 영성

소명을 따라 걷는 길은 영광의 대로가 아니라 광야의 오솔길이었다. 하나님의 부르심은 분명했고, 나 또한 순종하려 했지만, 길은 늘 내 생각과 달랐다. 신학교 2년 차로 접어들 무렵, 마음속에 알 수 없는 침묵과 메마름이 찾아왔다. 말씀을 가까이하려 할수록 오히려 그 말씀이 멀게만 느껴졌고, 기도의 자리에서도 하나님의 임재보다 내 무능함만이 크게 다가왔다. 그 시기를 나는 '광야'라 부른다.

광야는 불모지였고, 그곳엔 열매도 없고 칭찬도 없었다. 그러나 하나님은 바로 그곳에서 내 영혼의 겉껍질을 벗기셨다. 내 기도의 깊이는 고요 속에서 더 깊어졌고, 내 신앙의 뿌리는 칭찬 없는 시간 속에서 더 단단해졌다. 무엇보다 광야는 하나님의 음성만 또렷하게 들리는 유일한 장소였다.

출애굽기의 모세가 떠올랐다. 왕궁의 지식과 권세를 가진 그였지만, 하나님은 그를 미디안의 광야에서 40년간 묵히셨다. 그 시간 동안 하나님은 모세를 '쓰임받을 자'가 아닌, '하나님을 알아가는 자'로 빚어가셨다. 나 또한 마찬가지였다. 하나님은 나의 언어를 다듬기보다 내 고집을 먼저 깨뜨리셨고, 내 능력을 채우기보다 내 자아를 비우셨다.

그 광야의 시간 동안, 나는 성경 속 인물들의 이야기가 더 이상 단순한 이야기가 아니라, 내 삶의 거울이 되는 것을 경험했다. 다윗이 굴속에서 시편을 쓰며 하나님을 노래하던 심정이 이해되었고, 로뎀 나무 아래에서 "이제는 죽기를 원하나이다"라고 고백했던 엘리야의 외로움에 눈시울이 젖기도 했다.

그러나 그곳에서 하나님은 내게 한 가지를 끊임없이 묻고 계셨다.

"너는 나 하나만으로 충분하냐?"

그 물음 앞에서 나는 버텼고, 무너졌고, 다시 일어섰다. 그리고 어느 날, 내 입에서 고백이 터져 나왔다.

"예, 주님. 주님만으로 충분합니다."

그 순간, 광야는 더 이상 버려진 땅이 아니었다. 그것은 하나님께서 나를 만나시는 성소가 되었다. 눈에 보이는 열매가 없을지라도, 나를 붙드시는 분이 살아 계시다는 확신이 나를 다시 걷게 했다. 광야는 외로움의 장소가 아니라, 하나님의 임재가 가장 가까운 자리였다.

21

광야는 이름 없는 리더를 빚는다

비전이란 하나님께서 당신의 일을 위해 우리를 초대하시는 방식이다. 그리고 리더십은 그 초대에 응답하며 흔들리는 세상 속에서 하나님의 성품을 닮아가는 여정이다. 이 깨달음은 나의 사역, 글쓰기, 강연 그리고 사람을 대하는 태도를 바꾸어놓았다. 나는 더 이상 나 자신을 전하려 하지 않았다. 대신, 하나님이 보여주신 그 '더 큰 그림'을 함께 보고, 그 길로 나아가도록 격려하는 안내자가 되고 싶었다.

말씀 속 인물들, 비전의 불꽃이 되다

신학 공부의 깊은 숲을 지나며, 나는 어느 순간부터 책보다 성경 인물들에 더 마음이 이끌렸다. 그들은 단지 고대 이스라엘의 역사적 인물이 아니었다. 그들은 하나님의 비전에 응답한 리더들이었고, 실패와 갈등, 절망과 회복의 이야기로 나의 영혼을 흔들었다.

비전은 단순한 꿈이나 야망이 아니었다. 성경의 인물들을 묵상하며 나는 그것이 '하나님의 뜻을 함께 보게 되는 능력'임을 배웠다. 그리고 리더십은 그 뜻 앞에서 자기 자신을 내려놓고, 섬기며, 견디는 태도라는 것을 알게 되었다.

모세는 리더가 되기 전, 광야에서 자기의 야망이 꺾이는 시간을 지나야 했다. 그의 비전은 백성을 이끌고 가나안에 들어가는 것이었지만 하나님의 비전은 그보다 더 깊었다. 하나님의 관심은 목적지보다 과정, 성취보다 형성에 있었다.

모세의 40년 광야는 내게 묻고 있었다.
"너는 지금 어디를 향해 가고 있느냐?
그 길을 걷는 너의 마음은 누구의 것이냐?"

요셉은 '비전의 사람'이라는 말의 참뜻을 몸으로 증명한 인물이었다. 그의 삶은 거대한 고통의 연속이었다. 그러나 그는 어느 지점에서도 '하나님의 관점'을 놓지 않았다. 감옥에서도, 억울한 누명 속에서도, 버림받음 속에서도 그는 주권을 인정했고, 결국 형제들을 향해 이렇게 고백했다.

"당신들은 나를 해하려 했으나, 하나님은 그것을 선으로 바꾸셨습니다."

요셉의 리더십은 회복과 용서에서 빛났고, 그의 비전은 '하나님의 구원 계획 속에서 자신이 어떤 위치에 서 있는지를 아는 것'이었다.

다윗은 비전과 리더십의 역설을 보여주는 인물이다. 목동이었지만 하나님은 그를 왕으로 부르셨고, 왕이 되었지만 그는 여전히 '하나님의 종'으로 자신을 표현했다. 그는 쓰러졌지만 무너지지 않았고, 잘못했지만 버림받지 않았다. 그가 리더로서 가장 빛났던 순간은 전쟁의 승리가 아니라 나단 앞에서 회개의 눈물을 흘릴 때였다. 다윗에게 있어 리더십은 자기 변명보다 하나님의 마음을 우선시하는 용기였다.

느헤미야는 당시로 치면 행정가이자 개혁가였다. 그러나 그의 비전은 성벽을 재건하는 데 있지 않았다. 그는 민족의 정체성과 영적 본질을 회복하는 영적 리더십을 품고 있었다. 그가 보여준 리더십의 핵심은 '기도로 시작하여, 현실을 꿰뚫는 통찰력으로 실행하는 능력'이었다. 그는 하나님 앞에서 눈물 흘렸고, 사람들 앞에서는 단호했다. 그 이중의 무릎 꿇음과 결단은 오늘날의 리더들에게 꼭 필요한 모습이 아닐까?

나는 이 인물들 속에서 크리스천 리더십의 본질을 배우고 있었다. 그것은 권력의 문제가 아니라 영향력의 문제, 세상의 평가보다 하나님의 평안 속에서 서는 용기. 그리고 무엇보다 비전을 따라 자신의 삶을 내어주는 자세였다.

나는 그들의 리더십을 따라가며 묻기 시작했다.

'하나님의 사람은 어떻게 세상의 리더가 될 수 있을까?'

'사람들을 이끄는 힘은 어디에서 나오는가?'

그 질문은 나를 신학의 경계 밖으로 데려갔다.

정치철학, 역사, 인문학, 리더십 이론들을 탐독하며, 나는 크리스천 리더십의 고유한 뿌리를 찾아가기 시작했다.

그 뿌리는 세상의 성공 원리와는 반대 방향이었다. 그것은 '자기 비움'과 '섬김', '하나님의 뜻에 귀 기울이는 삶'이었다. 그때의 공부와 묵상, 기록은 훗날 내가 리더십을 주제로 책을 쓰고, 수많은 사람들 앞에서 강연하게 되는 중요한 토양이 되었다. 그러나 그것은 계획된 결과가 아니었다. 단지 나는 말씀 속 인물들의 삶에 울고, 그들의 흔들림을 껴안으며, 나 자신을 다시 만들어가고 있었을 뿐이었다.

성경의 인물들이 내게 준 가장 큰 선물은, 그들이 완벽하지 않았다는 사실, 그리고 그럼에도 하나님의 부르심 앞에 멈추지 않았다는 사실이었다. 그 여정은 곧 나의 여정이었고, 오늘도 나는 그 말씀 속 인물들과 함께 걸어간다. 낮아지고, 실패하고, 다시 일어서는 믿음의 길을.

비전이란 하나님께서 당신의 일을 위해 우리를 초대하시는 방식이다. 그리고 리더십은 그 초대에 응답하며 흔들리는 세상 속에서 하나님의 성품을 닮아가는 여정이다. 이 깨달음은 나의 사역, 글쓰기, 강연 그리고 사람을 대하는 태도를 바꾸어놓았다. 나는 더 이상 나 자신을 전하려 하지 않았다. 대신, 하나님이 보여주신 그 '더 큰 그림'을 함께 보고, 그 길로 나아가도록 격려하는 안내자가 되고 싶었다.

말씀 속 인물들의 이야기는 끝나지 않았다. 그 이야기는 오늘도 내 안에서, 내 삶 속에서 다시 쓰이고 있다. 그리고 나는 믿는다. 하나님의 비전은 오늘도 새로운 리더를 부르고 계신다고.

부르심과 현실 사이의 긴장 속에서

부르심은 어느 날 갑자기 들려오는 번개 같은 음성이 아니었다. 그것은 서서히, 끊임없이 내 내면을 두드리는 낮은 파도 같았다. 목회의 길로 나를 이끄셨던 그 '부르심'은 뜨겁고 감격스러웠지만, 그 길을 걷기 시작하자마자 나는 현실이라는 차가운 벽과 마주해야 했다.

신학교 강의실, 침묵이 흐르는 채플실, 기차를 타고 가던 어느 오후. 나는 종종 혼잣말을 중얼거렸다.

"내가 이 길을 계속 걸어도 괜찮을까?"

"부르심은 분명했는데, 왜 이렇게 흔들릴까?"

하나님의 부르심은 거룩했지만, 현실은 거칠고 어두웠다. 경제적 어려움, 언어의 장벽, 낯선 문화, 외로움 그리고 여전히 마음속을 비집고 들어오는 '세상에서의 가능성들', 그 모든 것들이 밤마다 나를 시험했다. 하지만 성경 속 인물들을 떠올리면, 그들도 같은 길을 걸었다는 사실이 내 어깨를 감싸 안았다.

모세는 부르심을 받고도 40년을 광야에서 방황했다. 요셉은 꿈을 받았지만 감옥에서 현실의 벽에 갇혔다. 엘리야는 불의 선지자였지만 어느 날 로뎀 나무 아래에서 생을 포기하고 싶었다. 그들에게도, 나에게도 부르심은 언제나 광야를 동반했다. 그러나 바로 그 광야가 하나님께서 리더를 세우시는 '거룩한 훈련장'이었다.

어느 날, 수업 후 작은 채플실에 홀로 앉아 기도하다가 말씀 한 구절이 내 속을 깊이 파고들었다.

"내가 네게 명령한 것이 아니냐? 강하고 담대하라"(여호수아 1:9).

그 말씀이 내 가슴 안에 불씨처럼 살아났다. 강하고 담대하라. 비전은 흔들릴 수 있지만 부르심은 무너지지 않는다고, 현실은 날 넘어뜨릴 수 있지만 하나님은 결코 나를 버리지 않으신다고.

그 순간 나는 깨달았다. 하나님의 부르심은 현실을 부정하지 않는다. 오히려 그 현실 한복판에서 하나님은 당신의 사람을 세우신다. 그리고 부르심은 '확신'이 아니라 '충성'을 통해 살아지는 것임을 알았다. 나는 그날부터 비전을 말하기 전에 먼저 그 비전을 살아내기로 결심했다. 눈에 보이는 성취보다 매일의 충성과 인내 속에 하나님을 향한 믿음을 심기로 했다.

지금도 나는 여전히 현실이라는 골짜기를 지난다. 때로는 절망의 언덕을 넘고, 때로는 기다림의 모래사장을 걷는다. 그러나 이제는 안다. 하나님의 부르심은 우리의 현실보다 크다. 그리고 그 부르심이 있는 한, 나는 걸음을 멈추지 않을 것이다.

나의 오늘을 하나님의 내일로 드리기 위해.

22

비전은 스피치가 아니라 침묵에서 자란다

나 자신을 돌아보니, 비전을 말하며 달렸지만 정작 그 비전을 살아낼 마음의 그릇은 비어 있었다. 세상을 바꾸겠다는 열망은 있었으나, 눈앞의 한 사람을 사랑하는 일에는 서툴렀다. 예수의 마음을 흉내 내기보다, 내 비전의 성공을 앞세웠다. 거룩한 뜻을 품고 왔지만, 그 뜻은 어느새 조급한 욕심에 물들어 하나님보다 나를 증명하려는 열심이 먼저였다.

비전을 말하기 전에, 비전을 살아내라

신학교에 들어와 처음 맞이한 겨울은 유난히 고요했다. 눈은 천천히 그러나 단단히 땅을 덮었고, 내 마음속에도 하얀 침묵이 쌓여갔다. 신학교의 채플은 언제나 고요했다. 조용한 채플실에 앉아 말씀을 묵상하던 그 시간은 내 영혼을 되돌아보는 거울과도 같았다.

나는 이곳에 '비전을 위해' 왔다고 생각했다. 교회를 살리고, 사회를 변화시키며, 진리로 사람들을 세우겠다는 강한 열망을 품고 있었다. 그러나 이 거룩한 열정은 어느새 조급함과 자의식에 뒤엉켜 하나님보다 '나의 성공적인 사역'을 먼저 바라보게 만들었다.

그때였다. 한 교수님의 말씀이 내 마음을 정지시켰다. "당신이 어떤 비전을 말하든, 사람들이 진짜 듣고 싶은 건 그 비전을 살아내는 당신의 삶입니다." 나는 멍해졌다. 말을 잘하는 것도, 책을 많이 읽는 것도 중요했지만, 사람들은 결국 내가 어떻게 사는지, 어떤 사람인지를 보고 하나님을 판단할 수 있다는 사실이 뼛속 깊이 파고들었다.

어느 날 오후 채플, 나는 다윗의 이야기에 몰입했다. 기름 부음을 받고도 바로 왕이 되지 못한 소년. 광야에서 도망자 신세로 살아야 했던 시간들. 하나님은 다윗에게 '왕이 되라'고 하셨지만, 그에게 먼저 필요한 것은 '왕의 마음'을 가진 사람이 되는 것이었다. 요셉도 그랬다. 꿈은 빨리 왔지만, 실현은 늦게 왔다. 감옥, 오해, 기다림. 그 모든 고난은 비전을 살아낼 수 있는 성품과 인내를 기르는 시간이었다.

나 자신을 돌아보니, 비전을 말하기 바빴지 그것을 살아낼 준비는 부족했다. '세상을 바꾸겠다'는 야망은 있었지만, 정작 동료 학생의 고통에 귀를 기울이고, 교실을 청소하며, 외로운 친구에게 먼저 다가가는 '예수의 마음'은 아직 내 안에 부족했다.

한번은 이민 생활에 지친 어느 성도가 내게 말했다. “전도사님이 늘 먼저 인사해 줘서 감사해요. 작은 관심이지만, 그게 제겐 큰 위로였어요.” 그 말을 들은 날, 나는 혼자 앉아 눈물을 흘렸다. 내가 거창한 비전을 보여주지 않아도, 누군가에게 하나님의 손길이 될 수 있다는 것을 처음으로 느꼈다. 그날 이후, 나는 ‘비전을 설교하기보다, 비전을 살아내자’고 다짐했다.

비전은 거대한 무대에서 이뤄지는 것이 아니라 보이지 않는 자리에서의 성실함과 진실함 속에 깃든다. 리더십은 지휘자가 되는 것이 아니라 먼저 무릎 꿇는 자, 가장 낮은 곳에서부터 신뢰를 쌓는 자에게 주어지는 은혜였다.

신학교에서의 시간은 단순한 지식 습득이 아니었다. 그것은 내 영혼이 깎이고, 다듬어지고, 낮아지는 시간이었다. 말씀 속에서 길을 찾고, 삶 속에서 말씀을 실천하는 훈련이었다. 이제 나는 비전을 말하기 전에 묻는다. “나는 오늘, 이 비전을 살아내고 있는가?”

하나님은 완벽한 리더를 부르시지 않았다. 그분은 부르심 앞에 진실한 사람, 연단 속에서도 순종하는 사람을 세우신다. 그래서 나는 오늘도, 말보다 삶으로 주님의 비전을 그려간다. 작고 고된 일상 속에서, 묵묵히 하나님의 성품을 닮아가며.

광야에서 빚어진 리더십

비전을 살아내기로 결단한 이후, 모든 것이 순조로워질 거라 믿었다. 그러나 현실은 오히려 더 깊은 '광야'로 이끌렸다. 사람들에게 이해받지 못하고, 사역의 문은 닫혀 있었으며, 앞날은 불투명했다. 이전까지 내 삶을 채워주던 '바쁨'이라는 무대가 사라지자, 나는 적막한 침묵 속에 홀로 서야 했다.

광야.

그곳은 하나님이 사람을 다루시는 작업실이었다. 모세가 그랬고, 다윗도 그랬다. 요셉은 감옥에서, 엘리야는 로뎀 나무 아래에서, 바울은 아라비아 광야에서 자신의 한계와 하나님의 은혜를 동시에 배워야 했다.

어느 겨울날, 깊은 눈이 캠퍼스를 덮던 오후, 나는 묵상 노트에 이런 글을 썼다.

"주님, 저는 지금 어디에 있습니까?"

"왜 침묵하십니까?"

그때 떠오른 인물이 바로 모세였다. 애굽의 왕궁에서 40년을 살다 광야로 내쫓긴 모세. 내가 정치와 공공 현장에서 지나온 시간과 묘하게 닮아 있었다. 모세는 아무도 없는 광야에서 다시 40년을 보낸다. 정치적 야망도, 민족에 대한 열망도 모두 식어가던 그때, 하나님은 비로소 떨기나무 가운데에서 나타나셨다.

> "여호와께서 이르시되 내가 애굽에 있는 내 백성의 고통을 분명히 보고 그들이 그들의 감독자로 말미암아 부르짖음을 듣고 그 근심을 알고 내가 내려가서 그들을 애굽인의 손에서 건져내고 그들을 그 땅에서 인도하여 아름답고 광대한 땅, 젖과 꿀이 흐르는 땅 곧 가나안 족속, 헷 족속, 아모리 족속, 브리스 족속, 히위 족속, 여부스 족속의 지방에 데려가려 하노라 이제 가라 이스라엘 자손의 부르짖음이 내게 달하고 애굽 사람이 그들을 괴롭히는 학대도 내가 보았으니 이제 내가 너를 바로에게 보내어 너에게 내 백성 이스라엘 자손을 애굽에서 인도하여 내게 하리라"(출애굽기 3:7-10).

"내가 너를 보았다. 너의 고난도 들었고, 울부짖음도 안다. 이제 내가 너를 보내겠다." 나는 그 구절들 앞에서 무너져 울었다. 모세처럼 나 또한 광야의 시간이 무의미하다고 생각했다. 그러나 하나님은 그 시간 속에서 나의 성품을 빚고 계셨다. 말없이 견디는 훈련, 묵묵히 책임지는 자세, 사람에게 인정받기보다 하나님 앞에서 정직한 마음. 이 모든 것이 리더십의 본질임을 깨닫기 시작했다.

리더십은 소리 지르는 자가 아니라, 하나님의 음성을 분별할 줄 아는 자의 몫이었다. 사람의 박수 소리보다 주님의 속삭임을 따라 움직이는 것. 그것이 진짜 리더의 길임을 배웠다. 신학교에서의 광야는 책과 논문만으로 설명되지 않았다. 자신을 내려놓고, 말씀 앞에 침묵하며, 하나님의 손에 깎이는 시간을 견뎌야 했다.

나는 언젠가 사역의 자리로 나아갈 것이다. 다시 사람들 앞에 설 것이고, 메시지를 전하고, 방향을 제시할지도 모른다. 그러나 그날이 오기까지, 나는 광야에서 먼저 깨어지고 다듬어져야 한다. 광야는 유배지가 아니라 '하나님의 공방(工房)'이다. 그곳에서 하나님은 쓰실 사람을 만들고 계신다. 눈에 띄지 않는 지금도, 하나님은 당신의 사람을 빚고 계신다.

그리고 나도 믿는다. 이 광야가 끝날 즈음, 나는 더 이상 '내 비전'을 외치는 사람이 아니라 '하나님의 뜻'을 조용히 이끄는 사람으로 서 있을 것이다.

23

이민 교회,
가장 낮은 자리에서의 섬김

목회란 누군가를 변화시키는 일이 아니라, 나 자신이 하나님 앞에서 깨어지고 다시 빚어지는 과정이었다. 목사라는 이름은 영광이 아니라 부르심에 순종한 자의 다른 이름이었다. 하나님은 내가 무엇을 할 수 있는가가 아니라, 얼마나 낮아질 수 있는가를 보셨다.

광야에서 부르심에 응답하다 - 목사 안수와 이민목회의 시작

2009년 12월, 나는 드디어 미국장로교(PCUSA) 동부 한미 노회로부터 목사 안수를 받았다. 아득한 여정의 끝이자 새로운 시작이었다. 기도와 눈물, 훈련과 낮아짐의 시간을 지나 마침내 하나님 앞에 무릎 꿇고, 사람들 앞에 목사로 서는 날이었다. 손을 얹고 기도해 주는 목사들의 손끝에서 따뜻한 울림이 번졌다. 나는 아무 말 없이 눈을 감았고, 뜨거운 무언가가 가슴을 채웠다. 이제부터 나는 종이다.

미국, 이 광활한 대지에 오직 하나님 한 분만을 따라 여기까지 왔다. 낯선 땅, 낯선 언어, 낯선 문화. 아내와 아이들을 데리고 도착한 미국 땅은 정말 말 그대로 광야였다. 물리적인 황무지뿐 아니라, 정서적·영적 황무지였다. 어느 길로 가야 할지, 무엇을 붙잡아야 할지 아무것도 분명하지 않았다.

그러나 그 광야에서 하나님은 말씀하셨다. "너를 연단하여 내 일을 맡기려 한다." 목사 안수는 승진이 아니었다. 오히려 한 사람의 인생이 완전히 깨어지고, 주님의 손에 들려지는 사건이었다. 나는 더 이상 내 삶의 주인이 아니었다. 말씀의 종, 기도의 종 그리고 무엇보다 사람들의 눈물 곁에 앉는 종이었다.

그리고 하나님은 나를 이민 교회로 보내셨다. 나의 처음 사역지는 뉴저지 파라무스에 있는 필그림교회였다. 이 교회는 창립 10년 만에 2,000명의 성도들이 모여 예배드리는 급성장한 교회였다. 미국의 많은 이민 교회가 그렇듯이 필그림교회도 다른 교회의 분열과 갈등으로 상처받은 영혼들이 동서남북에서 모여 정착하면서 성장한 교회였다. 이민 교회의 종착역이었다. 나는 이곳에서 교구 행정과 성인양육 담당 목사로 사역했다. 그리고 평신도 리더십 양성을 목표로 하는 '디딤돌 아카데미'를 만들어 운영했다.

이민 교회가 대형 교회라 해서 미국 주류사회에서 선한 영향을 끼치며 교류하는 것은 아니었다. 이민 교회는 이민자들의 삶이 그대로 드러나는 곳이다. 그곳엔 언제나 고단한 영혼들이 모여든다. 미국이라는 거대한 다문화 사회 속에서 그들은 소외된 자들, 이방인, 경계인(marginal person)이었다. 외로움, 정체성 혼란, 언어 장벽, 경제적 고단함, 신분 문제, 인정받고 싶은 욕구…. 그들의 눈동자엔 매일의 생존 투쟁이 고스란히 담겨 있었다.

나는 그들 앞에 섰다. 그러나 사실은 그들 사이에 앉는 법을 배워야 했다. 목회는 강단에서 시작되지만, 사람들 사이에서 완성된다. 나는 설교자이기 이전에, 울부짖는 자의 등을 두드리는 사람이 되어야 했다.

경계인의 사역 - 이방인의 자리에서 배우는 섬김

미국 사회에서 한인 이민자는 다수의 관심 밖에 있는 존재였다. 피부색, 언어, 문화의 경계선 위에서 그들은 '비주류'로 살아갔다. 많은 이민자가 정규직이 아닌 일용직, 안정이 아닌 불안정, 환영이 아닌 의심 속에서 하루하루 견디는 삶을 살았다.

이민 교회는 단순한 예배 공동체가 아니었다. 그곳은 피난처였고, 병원이었고, 숨 쉴 구멍 하나 겨우 낸 광야의 오아시스였다. 많은 이들이 직장과 가정, 신분 문제로 고통받고 있었고, 교회는 그 상처를 안고 하나님 앞에 엎드리는 자리였다.

한 성도는 말했다. "목사님, 주일 아침 이 예배 아니면 한 주도 못 버텨요. 일주일 내내 사람 취급도 못 받고 일하다가, 여기 와야 내가 사람 같아요." 나는 그 말을 듣고 숨이 막혔다. 나는 말씀을 준비하는 사람이 아니라, 한 영혼의 존재 가치를 확인시켜주는 사람이어야 했다. 그때부터 나는 설교보다 기도에 더 많은 시간을 들이기 시작했다. 강단보다 교인들의 삶으로 더 깊이 들어가려 애썼다.

하지만 사역은 아름답지만은 않았다. 갈등이 있었고, 오해가 있었고, 낙심도 많았다. 교회의 내부 문제, 성도들의 상처, 목회자로서의 무능감은 나를 끊임없이 흔들었다. 어느 날은 주차장에서 혼자 눈물을 흘린 적도 있었다. 그럼에도 불구하고 나는 떠나지 않았다. 왜냐하면 그들이 나를 필요로 했기 때문이 아니라, 내가 그들을 통해 목회자로 세워졌기 때문이었다. 놀랍게도 내가 그들을 섬겼다고 믿었지만 사실은 그들이 나를 섬기고 있었다.

그들의 인내와 눈물, 가슴의 한으로 드리는 기도, 주일이면 단정히 차려입고 교회에 오는 정성…그런 것들이 나를 다시 일으켰다. 섬김은 권세가 아니라, 낮아짐의 능력임을 그들이 가르쳐주었다.

낮아짐의 영성 - 섬김의 자리에서 마주한 은혜

진정한 목회는 십자가를 지는 일이다. 세상에서는 높은 자리가 영광이지만, 교회에서는 가장 낮은 자리가 복이다. 예수께서 제자들의 발을 씻기셨듯이, 나는 성도들의 눈물을 닦아주는 사람이 되어야 했다.

시간이 갈수록 나는 낮아지는 법을 배웠다. 이민자의 삶은 목회자를 낭만적으로 만들어주지 않았다. 오히려 현실의 먼지를 온몸에 뒤집어쓰게 했다. 병원에 입원한 성도를 밤늦게 찾아가며, 가정불화로 눈물 흘리는 부부를 중재하며, 자녀의 일탈 걱정에 울부짖는 엄마와 함께 울며 기도했다.

그리고 그 자리에서 나는 은혜를 만났다. 은혜는 언제나 낮은 곳에 머물러 있었다. 높은 강단이 아니라 울음 섞인 기도 자리에서, 냉장고에 반찬 하나 넣어주는 손길 안에서, 성도들이 건네는 조용한 "감사합니다" 한 마디에서 은혜는 나를 덮었다.

그 은혜는 내게 이렇게 말했다.

"네가 섬겼다고 말하지 마라. 네가 받은 것이다."

목회란 누군가를 변화시키는 일이 아니라, 나 자신이 하나님 앞에서 깨어지고 다시 빚어지는 과정이었다. 목사라는 이름은 영광이 아니라 부르심에 순종한 자의 다른 이름이었다. 하나님은 내가 무엇을 할 수 있는가가 아니라, 얼마나 낮아질 수 있는가를 보셨다.

24

무너진 교회,
무릎 꿇은 목회자

이민 교회, 광야 같던 그 현장은 결국 나를 변화시킨 하나님의 도가니였다. 내가 부르심에 순종한 줄 알았지만, 사실은 하나님이 나를 부르시기 위해 모든 환경을 준비하신 것이었다. 이제 나는 안다. 광야는 저주가 아니라 은혜의 장소이며, 이민자의 자리에서 흐른 눈물은 하나님 나라의 씨앗이 된다. 섬김은 나를 낮추는 일이 아니라 하나님의 은혜를 깊이 체험하는 문이다. 그리고 그 섬김의 길 위에서, 나는 마침내 하나님과 가장 가까운 자리가 어디인지 깨닫게 되었다. 그곳은 가장 낮은 곳, 바로 눈물의 자리였다.

다시 시작된 광야 – 첫 담임목회, 채무로 허덕이는 교회에서 눈물로 드린 기도

처음 그 교회에 발을 들였을 때, 나는 말로 설명할 수 없는 공기를 느꼈다. 침묵 속에 스며 있는 탄식, 의자마다 남겨진 상처, 한때는 찬양과 기도가 가득했을 공간에 고요한 어둠이 내려앉아 있었다. 그곳은 나의 첫 담임목회지였다. 그러나 그곳은 '부르심의 자리'라기보다, 마치 부르짖음의 잔해처럼 보였다. "여기가 제게 맡기신 교회입니까?"

그 교회는 과거에 부흥을 경험했던 교회였다. 성도 수백 명이 모였고, 열정이 넘쳤고, 미래에 대한 꿈도 있었다. 그러나 무리한 건물 구입은 교회에 큰 짐이 되었다. 그리고 결정적으로, 교회를 개척했던 설립 목사님이 암 투병 끝에 세상을 떠나셨다. 그분은 성도들의 사랑을 받았고, 리더십으로 교회를 이끌었다. 그러나 그분이 떠난 뒤, 교회는 마치 기둥이 무너진 성전처럼 흔들렸다. 리더십의 공백은 분열을 낳았고, 교회의 중심은 흩어졌다. 남은 것은 깊은 상처와 무거운 채무였다. 그런 교회에 나는 첫 담임목사로 부임했다. 목회자로서 설렘보다 인간적인 두려움이 앞섰다.

하지만 나는 부르심에 순종했고, 광야를 다시 마주했다. 교회의 채무와 나의 십자가, 내가 맞이한 목회 현실이었다. 나는 매주 강단에 섰다. 그러나 말씀을 전하는 입 안에서는 늘 조용한 떨림이 있었다.

'이 말씀을 이들이 정말 들을 수 있을까?'

'나의 말이 위로가 될까 아니면 더 큰 상처가 될까?'

그러나 나는 피하지 않았다. 설교보다 먼저 성도들의 마음을 품어야 한다는 것을 알았기 때문이다.

교회는 깊은 부채 속에 있었다. 그 빚은 단순한 숫자가 아니었다. 그것은 관계의 상처였고, 신뢰의 붕괴였고, 공동체의 피로였다. 나는 '교회부채청산위원장'이었다. 나는 온 힘을 다해 교회를 섬기기 시작했다. 그러나 제대로 된 사례비조차 받지 못했다. 여러 복합적인 사정 때문에 우리 가족은 목회 현장에서 함께 지내지 못했다. 나는 뉴저지에서, 아내와 아이들은 버지니아 리치몬드에서 살았다. 넉넉하지 못한 사례비로 우리는 너무 힘든 생활을 해야만 했다. 교회 부채와 생활고, 내가 짊어지고 가야만 하는 무게감이 늘 나를 영적으로 짓눌렀다.

혼자 밤마다 소파에 앉아 기도했다. 기도라기보다는 탄식에 가까운 중얼거림이었다.

"하나님, 왜 또 광야입니까?

왜 저를 이곳에 보내셨습니까?

정말 이 길이 맞는 겁니까?"

눈물의 새벽, 무너진 교회에서 쌓은 기도단

나는 결단했다. 이 교회를 살리는 길은 하나님의 도우심밖에 없다. 여름에 부임해서 전반적인 교회 상황에 대해 장로들과 허심탄회하게 대화를 나누며 파악하기 시작했다. 가을에는 대심방을 하고, 대심방을 마친 후에는 전교인 1박 2일 수련회도 했다. 교회가 처해 있는 상황을 바라보고 탄식과 절망의 시간을 보내지 않고, 새로운 희망의 시간을 만들기 위한 시간이었다.

그리고 새해에 한 달간 특별새벽기도회를 시작했다. 월요일부터 토요일까지, 기도의 강행군이 마치 전쟁에 나가는 군인들이 행군을 하듯, 그렇게 새벽에 모여 울부짖으며 하나님의 도우심을 간구했다.

작은 예배당에 울려 퍼지는 한숨 섞인 기도,

"하나님, 이 교회를 불쌍히 여겨주십시오…."

기도는 곧 눈물이 되었고, 눈물은 다시 찬송이 되었다.

그 기도 가운데 하나님은 말씀하셨다.

"이 교회를 살리기 전에, 내가 너를 먼저 빚겠다."

나는 그 기도를 통해 목회는 교회를 세우는 일이 아니라, 하나님 앞에서 내 영혼이 깨어지는 일이라는 사실을 배웠다.

성도들과 함께, 우리는 교회 부채 문제의 핵심을 하나하나 들여다보며 정리해 나갔다. 재정 상황을 투명하게 공유하고, 소그룹 안에서 마음을 나누고, 관계를 회복해 나갔다. 교회는 아주 서서히 그러나 분명히 다시 살아나기 시작했다.

1년, 짧지만 깊은 광야의 학교였다. 그러나 그 시간은 내 인생을 바꾼 목회 훈련소였다. 떠나기 전, 성도들 앞에서 마지막 설교를 전했다. 그날 강단에서 나는 울었다. 왜냐하면 그들에게 하나님이 나를 어떻게 새롭게 하셨는지를 말해야 했기 때문이었다.

"여러분, 저는 이곳에 교회를 살리러 온 줄 알았습니다. 하지만 사실은, 하나님이 저를 살리기 위해 이곳에 보내신 것입니다."

나는 부채를 모두 갚지 못하고 떠났다. 그러나 그 갚아야 할 짐보다 더 깊은 것을 남겼다. 바로 기도의 단, 다시 시작된 신뢰, 한 영혼을 위한 낮아짐의 발자국. 그리고 나는 다음 사역지로 떠났다. 무언가를 이루어서가 아니라, 이곳에서 하나님께 더 가까워졌기 때문에.

묵상

광야는 끝이 아니라, 다시 시작하는 하나님의 자리였다.

첫 담임목회 1년, 나는 교회의 현실을 보았고, 내 가족의 고통을 지켜보았고, 나 자신이 얼마나 약한지를 알았다. 그러나 동시에 하나님이 얼마나 선하시고 신실하신지를 배웠다.

광야는 끝이 아니었다. 광야는 하나님이 나를 새롭게 빚으시는 하나님의 학교였다. 광야는 고통의 장소가 아니라, 하나님의 손길이 가장 가까운 곳이었다. 사역 이전에, 하나님은 나를 훈련시키고 계셨다. 그리고 그 훈련은 아직도 끝나지 않았다.

25

가족과 하나님 사이, 그 외로운 줄타기

그리움은 시간이 지날수록 갈라진 틈이 되었고, 그 틈으로 불안과 오해가 자라났다. 가족의 광야는 멀리 떨어진 거리만이 아니라, 마음의 거리이기도 했다. 광야는 목회 현장만이 아니었다. 나와 가족 사이, 보이지 않는 이 거리도 광야였다.

광야에 핀 눈물의 기도 - 가족 그리고 하나님과의 거리

하나님의 부르심에 순종했지만, 언제나 은혜로만 채워진 길은 아니었다. 순종은 때때로 버려짐 같았고, 헌신은 고독으로 바뀌곤 했다. 나는 광야로 나왔다. 그러나 그 광야는 단순한 장소가 아니라 삶의 한 조각, 마음의 풍경이었다.

뉴저지와 피츠버그의 차가운 골목에서 나는 복음의 불씨를 살리려 애썼고, 무너진 교회 지붕 아래에서 말씀을 외쳤지만, 정작 내 안의 울음은 아무도 듣지 못했다. 가족은 버지니아 리치몬드에 남아 있었고, 나는 한 달에 한두 번씩 잠시 들르는 나그네에 불과했다. 아버지로서, 남편으로서의 자리는 점점 희미해졌고, 나는 목사라는 이름만 더욱 뚜렷이 짊어진 채 살아갔다.

아내는 혼자 두 아이를 키우며 지쳐갔다. 낯선 땅에서 가장의 자리까지 감당해 온 아내의 마음과 어깨는 무거웠다. 나 역시 어쩌다 가족을 만나면, 아니 아내를 만나면 위로의 말을 건네기보다는 나의 육체적 피로와 정신적 스트레스를 먼저 말하고, 아내가 나를 이해해 주기를 먼저 요구하는 이기적 심리가 나를 지배했다. 게다가 사역 일정 때문에 주일 늦은 밤에 도착해 잠자리에 들고, 아침에 일어나 다시 뉴저지와 피츠버그로 돌아가는 1박 2일 일정은 아내와 소통을 나누고 가사 일을 도와주기엔 턱없이 부족한 시간이었다.

한 달에 고작 한두 번 만나는 것이 부부의 삶이었고, 가족과의 안타까운 만남이었다. 멀리 떨어져 살면서 나는 사역을 하고, 아내는 두 아이를 돌보고, 우리는 그리움이 서운함으로 변하는 아픔을 가슴에 품고 살아야만 했다.

그리움은 시간이 지날수록 갈라진 틈이 되었고, 그 틈으로 불안과 오해가 자라났다. 가족의 광야는 멀리 떨어진 거리만이 아니라,

마음의 거리이기도 했다. 아내의 생일은 물론이거니와 아이들의 생일도 함께하지 못했고, 아내의 눈물 속에도 함께하지 못했다. 나의 부재는 점점 '상처'라는 이름으로 가족 안에 자리를 잡았다.

그러나 그 깊은 외로움의 골짜기 속에서, 나는 더 낮아졌다. 내 손에는 아무것도 없었고, 마음속에는 가족에 대한 죄스러움만 가득했다. 그때, 내가 붙잡을 수 있는 분은 오직 하나님뿐이었다.

밤마다 혼자 무릎 꿇고 드린 기도는 더 이상 목회자의 의무감에서 비롯된 것이 아니었다. 그것은 부서지고 찢긴 마음으로 아버지를 찾는 자녀의 울부짖음이었다. 광야에서 나는 하나님과 더 가까워졌다. 사람은 멀어졌지만 하나님은 가까워지셨다.

고통이 문을 열자, 주님의 위로가 속삭이듯 스며들었다.

"내가 네 고통을 안다. 네 외로움 속에 함께 있다."

하나님은 나의 광야에 침묵하지 않으셨다. 그분은 깊은 밤 고속도로를 달리는 차 안에도, 무명의 예배당 구석에도 계셨다. 거기서 나는 나를 다시 만났고, 가족을 위한 눈물의 기도를 올릴 수 있었다. 기도가 다시 사랑이 되었고, 회복의 씨앗이 되었다.

광야는 끝이 아니었다. 오히려 회복이 시작되는 자리였다. 하나님은 광야에서 나의 마음을 낮추셨고, 가족을 다시 바라보게 하셨다.

여전히 고단한 날들이었지만, 나는 다시 걸을 힘을 얻었다. 나의 눈물은 하나님 앞에 쌓여 기도가 되었고, 그 기도는 때가 되어 열매가 되리라는 믿음이 생겼다.

보이지 않는 광야 - 가족의 거리

광야는 목회 현장만이 아니었다. 나와 가족 사이, 보이지 않는 이 거리도 광야였다. 아무리 다가가려 해도 서로 이해할 수 없는 말들, 감정의 벽, 끝내 꺼내지 못한 말들. 상처는 쌓여갔고, 나는 점점 '하나님의 종'이라는 이름에 숨어버렸다. 나의 비겁함이 만든 거리였다. 내가 숨어버릴수록 아내는 더 힘들고 지쳐갔다. 그때 왜 아내의 마음을 만져주지 못했고, 아내의 말에 귀를 기울이지 못했는지 후회가 되었다. 목회라는 벽을 우리가 결코 넘어설 수 없었던 것일까.

그러나 아이러니하게도, 그 광야에서 하나님과 나는 더 깊이 만났다. 사람과의 소통은 멀어졌지만, 하나님과의 소통은 눈물 속에서 더 가까워졌다. 그분은 침묵 속에 말씀하셨고, 단절의 시간 속에 나를 어루만지셨다.

"내가 너를 안다.
네가 감당한 외로움도,
말하지 못한 눈물도,
네 가족의 아픔도,
내가 다 안다."

그 고백은 나의 마음을 부드럽게 풀어놓았다. 하나님 앞에서만은 나도 자녀였고, 이해받는 존재였다.

나는 여전히 완전하지 않다. 가족과의 간극이 완전히 해소된 것도 아니다. 상처는 여전하고, 마음의 거리도 가끔씩 스스로를 방어하는 벽이 된다. 그러나 그 벽 앞에서 나는 이제 도망치지 않는다. 기도로 다시 걸어간다. 말로 다 전할 수 없을 때, 하나님 앞에 먼저 엎드린다.

이민목회의 길에서 나는 사역의 열매만큼이나 가정 회복도 중요하다는 걸 배웠다. 그리고 가장 깊은 회복은 하나님 앞에서 내가 먼저 부서지는 데서 시작된다는 것도. 눈물로 드린 기도는 하나님 앞에 쌓인다. 그리고 언젠가는 그것이 내 가정과 사랑하는 사람들을 향한 회복의 강물로 흐를 것을 나는 믿는다.

에필로그: 광야를 지나며

한때 나는 가장 가까운 이들과의 관계 속에서 깊은 침묵의 시간을 지나야 했다. 함께 걷던 길이 어느 순간 갈라지고, 나는 광야 한복판에 홀로 서 있었다. 그곳은 외롭고 고통스러우며, 설명할 수 없는 상실감으로 가득했다. 그러나 바로 그 광야에서 하나님은 나를 낮추셨고, 다시 일으키셨다. 버려진 것 같았지만 사실은 다듬어지는 시간이었다.

삶의 어떤 시기에는 말로 다 할 수 없는 어둠이 찾아온다. 사랑하던 사람들과 거리가 멀어지고, 내가 붙잡던 것들이 하나씩 사라진다. 나는 불 속에서 정금처럼 연단되듯, 고통 속에서 정직하게 나를 바라보게 되었다. 그리고 비로소 내 모든 것을 아시는 하나님 앞에 무릎 꿇게 되었다.

돌아보면, 내 인생에는 이름 붙일 수 없는 많은 밤이 있었다. 누군가와 함께 걸었지만 결국 홀로 남겨진 적막한 시간도 있었다. 사랑이 깨어지고, 말이 멈추고, 기도가 눈물로만 흘러가던 시간들.

그러나 하나님은 그 깊은 고요 속에서 나를 새롭게 빚으셨다. 내가 붙들고 있던 것들이 하나씩 무너질 때, 주님은 다정히 말씀하셨다. “이제는 내가 너의 전부가 되어야 한다.” 그때부터 내 광야는 끝이 아니라 시작이었다. 잃어버림은 소중함을 일깨우는 길이었고, 상처는 은혜를 더 깊이 새기는 문이었다.

지금 나는 여전히 부족하고 연약하지만, 한 가지는 확신한다. 하나님은 깨어진 인생도 사용하신다. 오히려 깨어졌기에, 그 틈 사이로 은혜의 빛이 스며든다.

그러니 이 책을 읽는 당신의 인생이 혹시 광야에 있다면, 그곳에서도 하나님은 일하고 계신다는 사실을 잊지 말기를 바란다. 광야는 끝이 아니라 하나님의 시작이다.

26

내려놓음은 끝이 아니라 통로였다

목회를 내려놓는다는 것은 단지 직무를 떠나는 일이 아니었다. 그것은 정체성을 내려놓는 일이었고, 스스로를 비우는 깊은 낮아짐의 여정이었다. 나는 더 이상 '무엇을 할 수 있는 사람'이 아니라, '하나님 앞에서 있는 사람'이 되어야 했다.

내려놓음의 은혜, 돌아감의 순종

내가 그토록 붙들고 있던 목회를 내려놓기로 결심했을 때, 그것은 실패가 아니라 순종의 시작이었다. 12년간 몸담았던 미국의 이민목회 현장은 나에게 단순한 사역지가 아니었다. 그곳은 내 믿음이 실험당하고, 내 인격이 다듬어지고, 내 정체성이 다시 빚어진 하나님의 광야였다.

이민목회 현장은 나에게 '하나님의 학교'였다. 말씀을 붙잡고 하루하루 버티며 살아낸 시간들, 이민자의 아픔을 함께 안고 흘린 기도의 눈물들 그리고 사소한 승리를 통해 맛본 하나님의 은혜. 그것들은 모두 감사할 이유였다. 그러나 동시에, 그 안에서 나는 서서히 지쳐갔다. 나 자신의 영혼이 마르고 있다는 사실을 부인할 수 없었다.

기쁨도 있었고 열매도 있었지만, 동시에 말 못할 고통과 끝없는 질문이 있었던 곳. 그렇게 나는 어느새 지쳐 있었다. 그리고 어느 날, 더 이상 이 사명을 감당할 수 없다는 것을, 아니 감당해서는 안 된다는 것을 깨달았다.

"내려놓는 것도 믿음이다. 돌아가는 것도 나의 뜻이다."

2015년 12월, 나는 인생의 한 페이지를 덮는 결단을 내렸다. 12년간 살아온 미국의 삶, 그 안에서 감당해 온 이민목회의 사명을 내려놓고 한국으로 돌아가기로 한 것이다. 돌이켜 보면 이 결단은 외적인 문제 때문이 아니었다. 목회자라는 외피보다 더 근본적인 나 자신의 내면이 흔들리고 있었고, 그 누구보다도 하나님이 그것을 아셨다. '내려놓음'이라는 단어는 생각보다 무거웠다. 목회를 그만둔다는 것은 단지 일터를 옮긴다는 뜻이 아니었다. 그것은 존재의 정체성, 나의 부르심, 하나님과의 관계까지도 다시 성찰해야 하는 깊은 여정이었다.

목회를 그만두기로 한 결정은 나에게 있어 '실패의 고백'처럼 느껴졌다. 그러나 그 결단 속에서 하나님은 새로운 방식으로 나를 만나주셨다. 그리고 나의 부르짖음 속에서 한 음성이 들려왔다. "가라. 가는 것도 내 뜻이다." 그 말씀은 한없이 다정했지만 동시에 두려웠다. 그러나 나는 알았다. 이것이 하나님께서 주신 순종의 기회라는 것을.

목회를 내려놓는다는 것은 단지 직무를 떠나는 일이 아니었다. 그것은 정체성을 내려놓는 일이었고, 스스로를 비우는 깊은 낮아짐의 여정이었다. 나는 더 이상 '무엇을 할 수 있는 사람'이 아니라, '하나님 앞에 서 있는 사람'이 되어야 했다.

뉴욕 선교사의 집에서: 고독 속에 빚어진 비전

광야는 때로 도서관이 된다. 그리고 기도방이 된다.

모든 것을 내려놓고 한국으로 돌아가기로 결단한 후, 나는 피츠버그에서의 목회를 정리하고 짐을 싸야 했다. 교회를 떠나는 마지막 예배를 드린 날, 눈물은 말없이 흘렀고, 마음은 비워졌으며, 다만 한 가지 기도가 가슴을 꽉 채우고 있었다.

"하나님, 다시 저를 어디로 이끌려 하십니까?"

나는 가족을 남겨두고 홀로 뉴욕으로 향했다. 뉴욕 플러싱에 있는 '뉴욕 선교사의 집'. 소박한 그 공간은 쉼터이자 기도처였고, 동시에 내게는 정체성을 다시 묻고, 미래를 새로 바라봐야 하는 거룩한 방주였다. 외로웠다. 고독했다. 그러나 그 깊은 고요 속에서 나는 처음으로 '다시 쓰임받을 수 있을까?'라는 질문을 정면으로 마주하게 되었다.

그곳에서의 석 달은 단순히 시간을 보내는 유예기간이 아니었다. 그것은 내면을 다시 정비하고, 하나님 앞에 벌거벗겨지는 시간이었고, 붙잡아야 할 사명의 본질이 무엇인지 재정의하는 은혜의 시기였다.

나는 기도했다.

울었다.

읽었다.

썼다.

기도는 침묵 속에 길어졌고, 독서는 나의 학문적 토대를 다시 흔들어 놓았다. 나는 신학, 정치학, 사회학을 통합적으로 연구해 온 사람이었다. 그래서 다시 인간, 아니 역사를 움직였던 '인물'에게로 내 시선이 향했다. 세상을 바꾼 것은 언제나 '사람'이었고, 그들을 이끈 것은 단순한 전략이 아닌 비전이었다.

나는 다시 책을 펼쳤다. 링컨의 연설문을 읽고, 간디의 삶을 묵상하며, 마틴 루터 킹의 희망을 다시 내 가슴에 새겼다. 그러면서 생각했다. '나는 왜 그들의 삶에 끌리는가?' 그 이유는 분명했다. 그들은 단지 위대한 정치가나 운동가가 아니었다. 그들은 모두 '믿음의 사람들'이었다. 그들의 비전의 중심에는 '하나님의 정의'와 '이웃 사랑'이 있었기 때문이다.

STEP 그리고 리더십 이론의 신앙적 통합

그때부터 나는 글을 쓰기 시작했다. 물론 피츠버그에서부터 책을 구상했고, 원고를 조금씩 썼다. 제목은 《STEP으로 리드하라》였다. 나는 역사를 움직였던 위대한 리더들의 삶, 비전 그리고 리더십을 연구하고 설명할 때 항상 4개의 리더십 이론을 중심으로 분석했다. Servant, Transformational, Ethical, Public leadership이다. 이것은 내가 그동안 목회와 학문, 사회참여를 통해 고민해 왔던 리더십의 4가지 틀이다. 그리고 그 틀에 따라 16명의 위대한 크리스천 리더를 선정하고, 그들의 삶과 리더십을 분석했다.

간디, 슈바이처, 링컨, 루스벨트, 킹 목사, 만델라, 윌버포스, 린든 존슨….

이들은 시대의 격랑 속에서 빛난 사람이었고, 동시에 하나님 앞에서 부르심을 붙들었던 사람들이다. 그들의 리더십은 단지 탁월한 전략이 아니라 기도와 고뇌 그리고 공동체를 위한 희생의 결과물이었다.

나는 이 책을 통해 단지 이론을 말하고 싶지 않았다. 이 시대 한국 사회에, 정치와 신앙이 어떻게 만날 수 있는지를, 목회와 리더십이 어떻게 연결될 수 있는지를 말하고 싶었다.

그것은 단순한 분석이 아니라, 기도와 눈물로 쓴 고백이었다. 나 자신의 분열된 정체성, 즉 '정치에 대한 열망'과 '목회자의 길' 사이에서의 긴장과 통합을 시도한 영적 기록이기도 했다.

27

돌아가는 길, 또 다른 광야로 가다

부르심의 소명을 가슴에 품고 처음 미국에 도착했던 존 에프 케네디 공항에 12년 만에 다시 섰다. 한국으로 돌아가는 길은 외로운 여정이었다. 무엇보다 내 안에 자리한 죄책감이 나를 괴롭혔다. '사명을 다하지 못했다'는 자책. 그러나 기도의 자리에서 하나님은 그 모든 자책보다 더 깊은 은혜의 말씀으로 다가오셨다.

다시 길 위에서

뉴욕 선교사의 집에서의 시간은 내게 고독의 광야였다. 그러나 그곳에서 하나님은 나를 다시 쓰시기 위한 준비를 하고 계셨다. 기도는 나를 무릎 꿇게 했고, 글쓰기는 나를 다시 일으켜 세웠다. 그리고 책이 완성되었을 때, 나는 확신했다. '나는 다시 부르심을 받았다. 이전의 방식이 아니더라도, 하나님은 나를 여전히 쓰고자 하신다.'

그 길의 끝에 한국이 있었다. 익숙하지만 낯선 땅, 새로운 사명을 기다리는 자리. 나는 더 이상 목회자라는 이름만으로 자신을 정의하지 않는다. 나는 이제 리더십을 이야기하는 크리스천 사상가요, 글을 통해 복음을 증언하는 신학적 작가이며, 공동체의 미래를 꿈꾸는 사람으로서 서고자 한다.

고독은 때로 하나님이 말씀하시는 가장 조용하고 깊은 통로다. 기도와 학문, 고뇌와 글쓰기는 따로 놀지 않는다. 하나님의 부르심 아래에서 통합된다. 리더십은 능력보다 방향이며, 방향은 비전에서 온다. 비전은 하나님의 마음에 닿을 때 생긴다. 내려놓음 이후에도 하나님은 여전히 우리를 다시 부르신다.

2016년 1월 말 한국으로 돌아오기 전 어느 날 깊은 밤, 뉴욕 선교사의 집 작은 골방에서 나는 이렇게 기도했다.

"하나님, 저는 한때 광야에서 길을 잃은 사람 같았지만, 그곳에서 주님은 저를 다시 쓰셨습니다. 선교사의 집에서 저를 빚으셨듯, 이제 그 빛을 세상 가운데 흘려보내는 삶을 살게 하소서. 시대를 이끄는 리더들이 하나님의 뜻을 따라 일어설 수 있도록, 제가 그 통로가 되게 하소서."

돌아온 땅, 또 다른 광야

부르심의 소명을 가슴에 품고 처음 미국에 도착했던 존 에프 케네디 공항에 12년 만에 다시 섰다. 이번에는 혼자였다. 한국으로 돌아가는 길은 외로운 여정이었다. 가족을 남겨둔 채 떠나는 현실이 무겁게 다가왔다. 무엇보다 내 안에 자리한 죄책감이 나를 괴롭혔다. '사명을 다하지 못했다'는 자책. 그러나 기도의 자리에서 하나님은 그 모든 자책보다 더 깊은 은혜의 말씀으로 다가오셨다.

"내려놓음은 실패가 아니다. 너의 정직함을 내가 기뻐한다."

그 말씀은 내게 자유를 주었다. 내가 하나님께 붙들려 있다면, 지금 이 결정 또한 하나님의 뜻 안에 있다는 확신이 생겼다.

한국은 낯설지 않지만 익숙하지도 않았다. 내가 떠났던 시간만큼이 땅도 변했고, 나도 변했다. 그러나 하나님은 변하지 않으셨다. 한국은 내게 또 하나의 광야였다. 그러나 이제 나는 그 광야를 두려워하지 않는다. 그곳에서 다시 하나님을 만날 수 있기 때문이다. 나는 다짐했다. 다시 부르심이 있다면, 다시 광야로 가겠노라고. 하나님이 계신 곳이라면 어디든지 내 고향이 될 수 있다고.

에필로그: 순종의 끝에서 피어나는 새로운 시작

우리는 종종 '사명을 붙드는 것'만이 믿음의 길이라고 생각한다. 그러나 때로는 '사명을 내려놓는 것'이야말로 더 큰 순종일 수 있다. 하나님은 우리의 열심보다 우리의 정직함을, 우리의 위치보다 우리의 내면을 더 중요하게 여기신다.

목회를 내려놓는 일은 '종착점'처럼 보였지만, 오히려 '출발점'이었다. 사역자가 아닌, 하나님의 사람으로 다시 걷는 여정. 그것은 고통스러웠지만 분명 은혜였다. 나는 여전히 부르심을 기억하며 살아간다. 언젠가 하나님이 다시 말씀하실 때, 나는 주저하지 않고 일어나 다시 순종할 것이다.

내려놓는 그 자리에서, 하나님은 나를 다시 세우셨다.
돌아간 그 광야에서, 나는 다시 시작되었다.

목회를 내려놓는다는 것은 실패가 아니라 순종의 또 다른 표현이다. 하나님은 우리의 자격이 아니라, 우리의 정직한 고백과 순종을 사용하신다. 광야는 끝이 아니라, 하나님의 임재가 시작되는 자리다. '가라'는 하나님의 음성에 즉시 순종할 수 있는 사람은 반드시 다시 '부르심'의 자리로 돌아오게 된다. 목회를 내려놓았지만 나는 여전히 주님의 사람이기를 포기하지 않았다. 사역의 길은 그만둘 수 있어도, 제자의 길은 결코 멈출 수 없기 때문이다.

오늘도 나는 기도한다.
"하나님, 다시 쓰임받을 수 있다면 언제든지, 어디에서든지 다시 가겠습니다. 광야로라도."

이 글은 실패의 고백이 아니라, 신앙의 고백이다. 내려놓음은 끝이 아니라 시작이다. 순종의 자리로 다시 나아가는 모든 이들에게, 이 작은 이야기가 위로와 용기가 되길 바란다.

제4부

다시 한국, 새로운 부르심의 길에서

길은 내가 만드는 것이 아니라 주어지는 것이었다

28

다시 밟은 고국, 다시 시작된 삶

낮은 곳에서 다시 시작하라는 하나님의 음성. 누구도 알아주지 않아도, 나를 아시는 주님만 있으면 된다는 확신이 조용히 내 안에 피어났다. 나는 그렇게, 광야에서 또 한 번 부르심을 들었다.

돌아온 땅, 새로운 광야

마침내 나는 돌아왔다. 12년 만에 한국 땅을 다시 밟는 순간, 복잡한 감정이 몰려왔다. 설렘과 불안, 기대와 두려움이 한꺼번에 몰려왔다. '돌아왔다'고 말했지만, 12년 만에 돌아온 한국은 낯설었다. 친숙해야 할 언어가 낯설었고, 익숙해야 할 거리는 너무도 빨리 변해 있었다. 사람들의 눈빛엔 바쁨이 묻어 있었고, 교회마저도 새로운 문화와 구조 속에 달라져 있었다.

비행기가 인천공항 활주로에 착륙하던 순간, 나는 기도했다.
"주님, 다시 이 땅에 저를 보내셨습니다.
이곳에서 무엇을 하기를 원하십니까?"

광야에서 벗어난 줄 알았다. 이제야 사역의 문이 열릴 줄 알았다. 하지만 현실은 달랐다. 한국에서 신학교를 나오지 않았다는 이유로, 어느 교회도 나를 받아들이려 하지 않았다. 한국 교단의 안수를 받지 않았다는 이유로, 설 자리는 더더욱 없었다. 설교할 강단도, 기도를 나눌 교우도 없었다.

내가 돌아온 곳은 또 다른 광야였다. 그 광야는 이전보다 더 깊은 외로움이었다. 미국에서는 낯선 언어 속에서도 신학교와 교회가 있었지만, 이곳에서는 같은 말을 써도 마음이 닿지 않았다. 정치인이었다는 과거는 오히려 장벽이 되었고, 목회자로서의 정체성은 불확실하게 여겨졌다.

광야 같은 미국 이민목회를 지나 다시 한국이라는 현실 속으로 들어온 나는 하나님의 뜻이 궁금했다. 주어진 것이 많지 않았기 때문이다. 가족도, 기반도, 안정된 직장도 없었다. 오직 하나님만이 나의 자산이었다.

그러나 그 광야에서도 하나님은 여전히 말씀하셨다. 나는 한적한 기도처를 찾아 말씀을 펴고 기도했다. 하나님 앞에 서면 세상 누구에게도 설명할 필요가 없었다. "내가 너를 이 땅에 다시 보내지 않았느냐. 사람의 인정이 아닌, 나의 부르심을 따르라."

낮은 곳에서 다시 시작하라는 하나님의 음성. 누구도 알아주지 않아도, 나를 아시는 주님만 있으면 된다는 확신이 조용히 내 안에 피어났다. 나는 그렇게, 광야에서 또 한 번 부르심을 들었다.

작가의 길, 말씀의 확장

교회는 없었고, 강단도 없었지만 하나님은 다른 문을 여셨다. 귀국하기 전에 준비했던 원고를 다시 만졌다. 뉴욕에서 마지막으로 매만졌던 원고, 『STEP으로 리드하라』. 인문학과 신앙 그리고 리더십의 경계를 넘나드는 책이었다. 그 책이 한국에서 나의 귀국 인사가 되었다.

나는 격동의 시대를 살아간 위대한 리더들의 비전과 선택 그리고 그 안에 녹아든 인문학적 통찰을 글로 담았다. 그들 삶의 뿌리를 이루는 '소명'에 집중했다. 누구를 위한 리더십인가? 어디서 오는 권위이며, 누구를 위한 비전인가?

책이 세상에 나왔을 때, 생각보다 많은 이들이 응답해 주었다. 강연 요청이 들어오고, 다양한 사람들과의 만남이 이어졌다. 놀라운 일이었다. 나는 교회 강단이 아닌 학교, 기업, 공공기관에서 말씀을 전하고 있었다. 작가요, 강연자로서의 삶이 시작된 것이다. 비록 '설교'라 이름 붙이지 않았지만 그 자리는 말씀의 연장이었다.

하나님의 가치와 정의, 사람을 살리는 통찰과 공동체를 세우는 비전을 나는 글과 말로 전하고 있었다. 누군가는 말한다. "목회가 아닌 것 같다"고. 그러나 나는 안다. 이 또한 하나님의 방식이라는 것을.

성경에서 하나님의 사람들은 늘 익숙한 형식을 벗어나 부르심을 따랐다. 예레미야는 거리에서 눈물로 말씀을 전했고, 바울은 감옥 안에서도 복음을 편지로 써 내려갔다. 나는 책으로, 강연으로, 세상 속에 복음을 담는 또 하나의 통로를 걷고 있다.

때로는 그 길이 외롭다. 기성 교회 안에서는 여전히 '애매한 사람'으로 분류될지도 모른다. 그러나 나는 더 이상 설명하지 않는다. 내가 가는 길은 하나님이 여신 길이기 때문이다. 그리고 나는 믿는다. 광야는 끝이 아니라 하나님 나라를 위한 훈련장이며, 말씀을 전할 또 다른 무대라는 것을. 이제 사용자의 여정은 교회의 울타리를 넘어 세상 속으로 확장되고 있다.

하지만 마음 한편에는 늘 공허함이 있었다. 정치와 목회의 이상, 세속과 영성 사이에서 나는 길을 찾고 있었다. 나는 한국에서 신학교를 나오지 않았다. 한국의 교단에서 안수를 받지 않았다. 어떤 강단도 나를 환영하지 않았다.

나는 다시 광야에 있었다. 사람이 없는 곳, 인정받지 못하는 자리. 그러나 그곳에도 하나님은 계셨다. 내가 처음 광야에 들어섰을 때와 마찬가지로, 이 새로운 광야에서도 주님은 말씀으로 나를 만나셨다.

> "사람이 떡으로만 살 것이 아니요 하나님의 입으로부터 나오는 모든 말씀으로 살 것이라"(마태복음 4:4).

나는 다시 말씀 앞으로 나아갔다. 세상의 평가가 아닌, 하나님의 시선으로 나를 보게 되었다.

나는 이제 안다. 광야는 실패한 자리가 아니라, 하나님이 사용하실 사람을 준비하시는 자리라는 것을. 아무도 환영하지 않는 이 길에서도 하나님은 나를 부르고 계셨다. 나는 주의 부르심에 귀 기울이고, 그 부르심 앞에 정직하게 서 있으려 한다.

또 다른 광야. 그러나 그곳에서 나는 다시 하나님을 만난다. 그분의 뜻이 나를 다시 세울 때까지, 나는 이 광야에서 기다릴 것이다. 기도하며, 말씀을 붙들고, 글을 쓰며. 그리고 믿는다. 하나님은 광야에서 시작하신 일을 반드시 완성하신다는 것을.

29

광야 위의 설교자, 마이크 앞의 순례자

내가 세운 길이 아니었다. 내가 예측한 여정도 아니었다. 그저 기도하며 하나님을 의지했을 뿐이다. 그러나 하나님은 그 기도를 들으셨고, 나를 '쓰시는' 길로 인도하셨다. 인문학 강연도, 방송 패널도 모두 하나님이 예비하신 무대였다.

마이크 앞의 목사, 복음을 번역하다

12년 만에 고국 땅을 다시 밟았다. 익숙할 줄 알았던 이 땅이 어쩐지 낯설게 느껴졌다. 공항에서 나와 서울의 공기 속에 숨을 들이켜는 순간, 나는 본능적으로 알았다. 또 다른 광야가 시작되었음을.

미국에서의 시간은 하나님 앞에서 나를 부수고 다시 세우는 광야였다. 한때는 정치 현장에서 말과 전략으로 살던 사람이었지만, 그곳에서는 아무도 나를 알아보지 못했다. 그 무명의 시간 속에서 나는 비로소 하나님의 시선 앞에 나를 들여다보기 시작했다. 정치는 내려놓았고, 마이크도 내려놓았다. 목회와 기도, 말씀과 침묵이 나를 다시 만들었다.

그런데 다시 돌아온 이 땅에서 뜻밖의 문이 열렸다. 『STEP으로 리드하라』를 펴낸 직후, 예전의 인연들이 다시 찾아왔다. 여의도에서 함께 정치의 계절을 달렸던 동료들, 학창 시절을 함께했던 친구들, 언론계 지인들까지. 그들의 연락은 단순한 재회가 아니었다. 그것은 하나님께서 보내신 기도 응답 같았다.

그러던 중, 전혀 예기치 않은 제안이 들어왔다. 방송 출연이었다. TV조선과 연합뉴스TV에서 사회와 정치 현안을 논평해 달라는 요청. 한때는 익숙했던 자리였다. 그러나 이제 나는 목사였다. 12년 만에 고국으로 다시 돌아오는 고뇌의 결단을 했을 때만 해도 이런 일이 나에게 일어날 것이라고는 꿈에도 생각하지 못했다. 그러나 지금의 나는 광야에서 하나님만 바라보며 기도하고, 말씀 붙들고 살던 사람이었다. 다시 정치 평론이라니. 갈등이 컸다. 그러나 하나님은 가끔 내가 생각하지 못한 곳에 길을 여신다.

그것은 쉽지 않은 길이었다. 방송 스튜디오 공간은 성경책이 아닌 논리와 통계, 여론과 이슈가 중심이 되는 곳이었다. 그곳에서 신앙적 가치를 언어화하는 것은 칼날 위를 걷는 훈련이었다. 말 한마디가 오해를 부르고, 복음을 곡해할 가능성이 도처에 도사리고 있었다.

그 마이크 앞에 다시 선다는 것은, 단지 직업의 변화가 아니라 '정체성의 긴장'이었다. 나는 깊은 갈등 속에 하나님께 묻고 또 물었다. "주님, 제가 다시 그 자리에 서야 합니까?" 정치의 언어가 아니라, 복음의 언어로 사회를 말할 수 있을까? 강단이 아닌 스튜디오, 성경이 아닌 여론이 중심이 되는 공간에서 하나님의 사람으로 어떻게 설 수 있을까?

그뿐만 아니라, 12년 만에 다시 돌아온 한국, 그 땅의 정치 사계에 대한 정보와 지식 그리고 경험도 부족한 나였기에 종편 TV에 출연해 생소한 한국 정치를 평론한다는 것이 낯설기만 했다.

며칠간의 기도와 씨름 끝에, 나는 조용히 고개를 끄덕였다. 내가 택한 길은 아니었지만, 하나님이 여신 문이라면 들어가야 했다. 그 순간부터 나는 출연 제의를 받은 방송사의 프로그램을 분석하고, 주요 평론가들의 정치 분석 스타일, 표정, 말투 그리고 보수와 진보 측 패널들의 관점의 차이 등등을 그리고 시시각각 전해지는 정치권 뉴스와 신문 논설, 칼럼 등을 섭렵하기 시작했다. 그것은 단순한 방송 준비가 아니었다. 사역의 또 다른 훈련이었다.

그렇게 나는 마이크 앞에 섰다. 세속의 언어를 듣고, 신앙의 심장으로 말하려 애썼다. 때로는 조심스러웠고, 때로는 치열했다. 그러나 그 마이크 앞에서 나는 분명히 들을 수 있었다. 하나님께서 내게 속삭이시는 음성. "내가 너를 여기에 세웠노라."

사람들은 내게 "왜 목사님이 이런 자리에 계세요?"라고 물었다. 나도 물었다. 그러나 시간이 흐를수록 확신은 깊어졌다. "복음은 교회 안에서만 울리는 메아리가 아니다." 하나님은 강단뿐 아니라 뉴스 클립 사이에서도, 자막 아래에서도 말씀하실 수 있는 분이었다.

방송 출연은 단지 기회가 아니었다. 그것은 '번역'의 사명이었다. 하나님 나라의 언어를 오늘의 현실 언어로 바꾸는 일. 쉽지 않았다. 하지만 그 자리에서 복음은 때로 단어로, 때로 침묵으로, 때로 눈빛으로 흘러갔다.

나는 깨달았다. 마이크는 단지 도구가 아니었다. 세상의 귀를 향한 하나님의 확성기였다. 내가 선택한 것이 아니라, 하나님이 예비하신 무대였다. 그 위에서 나는 단지 순종하고 증언했을 뿐이다. 그러나 하나님은 그 기도를 들으셨고 나를 '쓰시는' 길로 인도하셨다. 인문학 강연도, 방송 패널도, 모두 하나님이 예비하신 무대였다.

나는 이제 안다. 목회자의 사역은 강단 위에서만 이뤄지는 것이 아니다. 마이크 앞, 스튜디오 불빛 아래에서도 하나님의 뜻은 선포될 수 있다. 내게 주어진 이 마이크는 세상의 귀를 향한 하나님의 통로였다. 세속의 논리와 영적 진리 사이에서 중심을 지키는 일은 결코 쉬운 일이 아니지만, 그것이야말로 지금 내가 서야 할 자리였다.

내가 설 자리는 '거룩한 공간'이 아니라 '보내심 받은 자리'라는 것. 복음을 다시 말하고 다시 보여주기 위해서. 말과 빛 사이, 논쟁과 침묵 사이. 그 틈에서 하나님의 뜻을 찾아가는 여정은 계속된다. '복음은 교회 안에서만 울리는 메아리가 아니다.' 이 깨달음은 내 사역의 방향을 바꾸었고, 앞으로도 내가 어떤 자리에 서든 지워지지 않을 소명으로 남을 것이다.

30

팔복은 리더십의 언어가 되었다

오늘날 교회와 많은 크리스천 리더들의 리더십은 예수님과 매우 대조적이다. 교회와 그리스도인들의 도덕적 해이와 몰락은 리더십에 대한 불신의 벽을 더 높였고, 리더십의 위기를 자초했다. 그렇다면 이 시대 교회와 크리스천들이 세속적인 성공만을 추구하는 리더십의 기술과 방법의 포로가 아닌, 영적 리더십의 권위와 방법으로 세상의 소금과 빛의 사명을 감당할 수 있는 방법은 무엇일까?

팔복 리더십의 사회적 실천, '복음은 삶이 되어야 한다'

『팔복으로 리드하라』(쿰란출판사, 2019)는 나의 신앙 여정에서 하나의 전환점이 되었다. 예수께서 산 위에서 선포하신 팔복은 단순한 윤리적 가르침이 아니었다. 그것은 그리스도인이 이 땅에서 살아내야 할 존재 방식이며, 리더가 세상 속에서 세워야 할 가치의 기초였다. 그래서 팔복은 리더십이다.

예수님은 가장 이상적이며 완벽한 리더십의 표본이다. 예수님은 하나님께서 자신을 보내고 부르신 목적이 무엇인지를 분명히 알고 계셨다. 그러나 오늘날 교회와 많은 크리스천 리더들의 리더십은 예수님과 매우 대조적이다. 교회와 그리스도인들의 도덕적 해이와 몰락은 리더십에 대한 불신의 벽을 더 높였고, 리더십의 위기를 자초했다.

그렇다면 이 시대 교회와 크리스천들이 세속적인 성공만을 추구하는 리더십의 기술과 방법의 포로가 아닌, 영적 리더십의 권위와 방법으로 세상의 소금과 빛의 사명을 감당할 수 있는 방법은 무엇일까?

리더십을 연구하는 나의 고민은 여기서부터 시작되었다. 나는 팔복을 리더십의 언어로 번역하고자 했다. 그리고 그 해답을 제시했다. "팔복은 예수님의 성품을 가장 잘 드러내는 말씀"으로 "그리스도의 종으로서 세상을 이끌기 위해, 이전의 성품들을 내려놓고 팔복의 특성들로 새로운 본성을 소유해야 한다"고 강조하며 크리스천 리더십의 본질을 팔복 메시지 리더십의 관점으로 설명했다.

팔복은 크리스천 리더십의 8가지 법칙이다. 나는 '심령의 가난함'을 '겸손의 법칙'으로, '애통함'을 '이타심의 법칙'으로, '온유함'을 '자기희생의 법칙'으로, '의에 주리고 목마름'을 '사명의 법칙'으로, '긍휼함'

을 '섬김의 법칙'으로, '청결함'을 '도덕성의 법칙'으로, '화평함'을 '피스메이커의 법칙'으로, 그리고 '박해받음'을 '용기의 법칙'으로서 제시하며, "팔복은 그리스도인들이 어떤 존재가 되어야 하는가에 대해 예수님이 직접 설명하신 것으로, 이 모든 자질은 그분을 따르는 모든 사람의 성품이고 크리스천 리더십의 근원"이라고 강조했다.

이 책은 8가지 크리스천 리더십의 법칙에 대한 성경적 의미와 성경의 다양한 리더들의 삶을 중심으로 설명하며, 그 과정에서 주제어가 담고 있는 리더십의 핵심 메시지를 전하고 있다. 아울러 역사 속에서 자신의 시대에 선한 영향력을 끼쳤던 위대한 크리스천 리더들 32명을 리더십 멘토로 소개했다.

이러한 리더십은 단지 책 속의 이상으로 머물 수 없었다. 나는 그것을 실천의 자리로 옮기고자 했다. 귀국 이후 다양한 강연과 방송, 공공 토론의 자리에 서게 되었다. 그 자리들마다 나는 팔복의 가치들을 삶으로 풀어내기 위해 기도했다. 방송에서는 날카로운 쟁점들이 오고 갔고, 종종 세속의 논리로 치열한 경쟁이 벌어졌다. 그러나 나는 그 안에서도 온유와 절제, 진실함을 붙들었다.

청중 앞에 설 때마다 생각했다. '이 강연은 나의 영향력을 드러내는 자리가 아니라, 하나님 나라의 가치를 흘려보내는 통로다.' 나는 전략보다는 진심을, 대중적 인기보다는 복음적 정직함을 택하려 했다.

팔복 리더십은 곧 자기 부인의 리더십이었다. 공공의 자리에 선다는 것은 자기를 드러내는 일이 아니라, 자기를 비워 세상 속으로 들어가는 일이었다. 마치 예수께서 하늘의 영광을 버리고 인간의 연약함을 입고 오신 것처럼, 나 또한 세상의 언어와 제도 속으로 들어가 복음을 삶으로 번역하고자 했다.

이 과정에서 가장 치열했던 훈련은 '온유'였다. 논쟁의 자리, 평가의 자리, 비판의 자리에서 온유함을 지키는 것은 쉽지 않았다. 그러나 나는 알았다. 온유는 약함이 아니라, 억제된 힘이다. 하나님의 의를 위해 자신의 분노와 욕망을 잠재우는 선택이었다. 그 선택은 매일의 기도를 통해 유지되었다.

이제 나는 확신한다. 팔복은 단지 성도의 내면 윤리가 아니라, 공공 리더십의 새로운 기준이다. 세상은 여전히 경쟁과 효율, 강함을 기준으로 리더를 판단하지만, 하나님의 나라는 다르다. 그 나라는 '마음이 청결한 자', '화평하게 하는 자', '의를 위하여 박해를 받는 자'를 복 있는 자라 말씀하신다.

그리고 나는 그 말씀을 강단에서든 방송에서든, 골방에서든 광장에서든 살아내고 싶다. 복음은 이론이 아니라 실천이기 때문이다. '복음은 삶이 되어야 한다.' 그 신념은 오늘도 나를 다시 세상 속으로 보내고 있다.

나는 여전히 이방인이다

그러나 책을 집필하면서도 내 마음 한편엔 싸늘한 현실이 있었다. 한국에서 나는 환영받지 못했다. 방송에 나간다 해서, 강연을 한다 해서 교회 문이 열리는 것은 아니었다. 한국에서 신학교를 나오지 않았고 어떤 교단에서도 안수를 받지 않았다는 현실의 벽은 높았다. 많은 목회자가 이런 말을 한다. "예수님도 광나루에서 공부하지 않으면 통합 측 교회에서 사역할 수 없다"고.

나는 외로웠다. 미국에서 떠나온 광야와는 또 다른, 제도와 관행의 광야였다. 그러나 바로 그 지점에서 나는 다시 예수님을 만났다. 예수님은 언제나 중심이 아니라 변방에서 말씀하셨다. 팔복도 마찬가지였다. "박해를 받은 자는 복이 있나니, 천국이 그들의 것임이라." 이 말씀이 내 삶 전체를 꿰뚫었다.

팔복을 따라 리드하라고 말했지만, 실은 하나님께서 나에게 먼저 그렇게 살아내라고 명하신 것이었다. 팔복은 이상이 아니었다. 팔복은 지금도 살아서, 나 같은 광야의 사람들을 부르고 계셨다.

팔복으로 리드하라, 광야의 외침

나는 이제 깨달았다. 이 책은 단지 리더십에 관한 책이 아니었다. 이 책은 광야의 외침이었다. 주류 교회에, 제도화된 신앙에, 세상과 너무도 닮아버린 기독교에 대한 작은 경고이자 사랑의 도전이었다.

팔복을 다시 품자.

복은 권력이 아니고, 높음이 아니며, 세상의 성공이 아니라고.

복은 하나님의 마음을 닮은 사람들의 삶이라고.

겸손하고, 애통하고, 온유하며, 사명을 품고, 섬기며, 청결하고, 평화를 이루며, 용기 있게 복음을 따르는 자들. 그들이 곧 이 땅의 희망이라는 외침이었다. 이 외침이 누구에게 들릴지, 나는 알지 못한다.

그러나 한 가지는 안다. 하나님은 광야에서도, 외로운 자를 통해서도 당신의 일을 이루신다. 나는 이제 외롭지 않다. 팔복은 내 안에서 말씀하고 있고, 나는 그 말씀을 따라 다시 걸어갈 뿐이다.

31

하나님은 여전히 일하신다

하나님은 쉼 없이 일하신다. 그리고 나는 그분의 손에 붙들린 한 사람으로 오늘도 걷는다. 내가 바꾼 것이 아니라 하나님이 나를 다시 빚으셨고, 내 비전을 바꾼 것이 아니라 하나님이 그분의 비전을 내게 다시 보여주신 것이다.

방송국 조명이 꺼지고, 마이크가 내려지고, 카메라가 꺼진 그 순간, 나는 조용히 자리에 앉아 고요한 내면의 소리를 듣는다.

사람들은 말한다.
"방송 잘 봤습니다."
"말씀이 힘이 되었습니다."

그러나 나는 안다. 그 모든 말들 뒤에 진짜 나를 아시는 분은 오직 하나님 한 분뿐이라는 것을. 이제 나는 방송인이자 강연자이자 작가로 불린다. 그러나 그 어느 것도 나의 정체성을 완전히 설명하지 못한다. 나는 여전히 말씀 앞에 선 사람, 광야에 서 있는 신앙의 나그네일 뿐이다.

TV조선에서, 연합뉴스TV에서 나는 정치 이슈를 분석하며 진실을 말하려 애썼다. 한쪽에 치우치지 않되, 진실을 놓치지 않으려 조심했다. 그 싸움은 말보다 내면의 침묵 속에서 더 치열했다. 세상은 속도를 요구했지만 나는 방향을 묻는 사람이고 싶었다. 세상은 이슈를 좇았지만 나는 영혼을 바라보고 싶었다.

그러기에 방송이 끝난 자리에서 나는 더 깊은 기도를 배웠다. "주님, 지금도 당신은 일하고 계십니까?" 그때마다 내 안에 들려온 작은 음성. "나는 쉼 없이 일한다. 너는 내가 시키는 일을 하라."

강연을 마치고 돌아오는 길, 내 마음은 오히려 더 고요해진다. 무대 위에서 쏟은 에너지보다 그 후의 침묵 속에서 나는 하나님의 숨결을 느낀다. 사람들 앞에서 말을 전하지만, 나는 누구보다 말씀을 붙들고 살아가는 사람이다.

『팔복으로 리드하라』를 쓸 때도 그랬다. 책상 앞에서 머리를 짜내기보다는 매일 새벽 4시에 일어나 무릎 꿇고 말씀 앞에 나아가 예수님의 음성에 귀를 기울였다.

"복이 있나니…."

그 팔복의 한마디 한마디가 내 영혼을 흔들었다. 그것은 단순한 교훈이 아니라 주님의 살아 있는 리더십 선언이었다. 가난한 마음에서 시작해 화를 내지 않는 자, 자기를 낮추는 자, 의를 위해 고난받는 자. 그 여덟 복은 하나님 나라로 향하는 여정이었고, 내가 걸어야 할 리더십의 길이었다.

책이 출간된 후 여러 교회와 단체에서 강연을 요청해 왔다. 그 자리마다 나는 복음의 리더십을 전했다. 섬김, 겸손, 자기희생…. 나는 분명히 목회자의 심정으로 그들을 향해 말씀을 전했다.

지금도 나는 광야에 있다. 하지만 이 광야는 더 이상 막막함의 상징이 아니다. 이곳은 하나님의 성막이자 내면의 예배당이다. 무대가 없지만 매일 말씀이 설교가 되고, 침묵이 기도가 되고, 책상이 강단이 된다.

하나님은 쉼 없이 일하신다.

그리고 나는 그분의 손에 붙들린 한 사람으로 오늘도 걷는다. 내가 바꾼 것이 아니라 하나님이 나를 다시 빚으셨고, 내 비전을 바꾼 것이 아니라 하나님이 그분의 비전을 내게 다시 보여주신 것이다.

가끔은 이렇게 묻는다.
"하나님, 이 길이 맞습니까?"
그러면 주님은 조용히 대답하신다.
"내가 너를 여기까지 인도하지 않았느냐.
그러면 앞으로도 인도하지 않겠느냐."
그 말씀 하나로 충분했다.

오늘도 나는 다시 마이크를 들고 강연장에 선다. 그리고 그 모든 자리에서 조용히 고백한다.

"하나님은 여전히 일하고 계십니다. 그리고 저도 그 일에 작게나마 쓰임받고 있습니다."

다음 스텝을 향해

이제 다시 나는 기도한다.
"하나님, 이제 어디로 가야 합니까?"
하나님은 늘 질문으로 내 마음을 여신다.
"너는 나를 믿느냐? 이 길이 내 길임을 신뢰하느냐?"

그 질문 앞에서 나는 다시 엎드린다. 나는 여전히 불완전하고 여전히 두렵지만, 한 가지는 분명히 안다. 하나님의 길은 언제나 선하고, 그분의 인도는 결코 헛되지 않다는 것을. 12년 만의 귀국은 단지 귀환이 아니라 새로운 '파송'이었다. 하나님이 나를 다시 이 땅의 중심으로 보내셨고, 그 가운데 나는 여전히 그분의 손을 붙들고 있다.

그래서 나는 고백한다.
"광야 이후 비로소 길이 열렸다. 그러나 그 길의 주인은 내가 아니라 하나님이셨다."

32

마이크 앞의 목사, 다시 정치의 땅을 딛다

"하나님, 지금 이 길이 맞습니까?" 나는 그 질문을 수없이 반복하며 한국 땅을 다시 밟았다. 열두 해, 타지의 광야에서 신학과 말씀 그리고 공동체 섬김에 헌신하며 살아왔다. 방송과 저술 그리고 강연은 나의 새로운 도구였고, 복음의 사회적 실천은 사역의 본질이었다. 하지만 그 모든 흐름의 근원은 다름 아닌 '부르심'이었다.

정치로 돌아오다, 17년 만의 귀환

길은 내가 만드는 것이 아니었다. 길은 오직 하나님께서 여시는 것이었다. 나의 계획과 달랐고, 내가 기대한 방식도 아니었지만, 나는 다시금 그분의 손에 이끌려 예상하지 못한 무대에 서게 되었다.

2022년, 제20대 대통령 선거가 다가오고 있었다. 나는 늘 합리적 보수, 개혁적 보수의 관점을 견지해 왔다. 단순한 이념이 아닌, 한국 사회의 균형과 공동체의 지속 가능성을 위한 신념이었다. 그러던 중, 나는 그 이름을 듣게 되었다. 윤석열. 그는 낯설고도 신선했다. 혼돈의 정치 지형 속에서 떠오른 비정치인의 리더십. 나는 그를 단지 정치인의 틀 안에서 보기보다 리더십의 본질이라는 프레임 안에서 바라보게 되었다.

결국 나는 『혼돈의 정치, 대통령 리더십』이라는 책을 집필했다. 한 편의 책 속에 시대의 흐름을 해석하고 미래의 뉴리더십에 대한 비전을 담아냈다. 그것은 단지 한 정치인의 분석서가 아니었다. 단지 선거를 위한 선전물이 아니었다. 광야에서 하나님이 빚으신 나의 신앙과 사유 그리고 사회를 향한 비전을 녹여낸 한 권의 영적 고백이었다. 과거의 정치인이 아니라, 하나님 나라의 리더십을 고민하는 자로서 쓴 글이었다.

그것은 또한 『STEP으로 리드하라』에서 내가 제시한 격동의 시대를 이끌었던 위대한 리더들의 삶과 비전 그리고 리더십의 교훈을 바탕으로 혼란한 시대를 어떻게 해석하고 새로운 리더십은 어떤 가치와 구조를 갖추어야 하는지를 성찰한 결과물이었다. 그 책은 나에게도 놀라운 전환점이었다. 정치와 신앙이 충돌하는 것이 아니라, 신앙이 정치 속에서 새로운 의미를 생성할 수 있다는 가능성을 열어주었다. 나는 더 이상 정치를 두려워하지 않았다. 그것은 나의 소명이자 사명감 있는 참여였다.

재외동포 리더십, 보이지 않는 승부

국민의힘 선거대책본부에서 나는 재외동포특별위원회 위원장으로 임명되었다. 미국을 중심으로 글로벌 한인 리더들의 네트워크를 형성해 선거를 지원하는 중책이었다. 누군가에게는 정치적 역할이었지만, 나에게는 광야에서 준비된 사역의 결실이었다.

12년 동안 나는 미국에서 목회하고 강의하며 리더십 공동체를 세웠다. 그 경험들이 나도 모르게 축적되어 있었다. 정치는 혼자 하는 것이 아니라, 사람과의 연결을 통한 흐름의 예술이라는 것을 그때 알았다. 우리는 성공적으로 캠페인을 조직했고, 큰 틀에서 선거의 승리를 돕는 한 조각이 되었다.

그 승리는 단지 정치적 결과가 아니었다. 내가 정치의 자리로 다시 돌아왔다는 사실보다 더 감격스러운 것은, 그 여정 안에 하나님의 흔적이 또렷이 새겨져 있었다는 것이다. '광야의 학교'는 나를 결코 멈추게 하지 않으셨다.

취임식, 예언자의 마이크를 잡다

대통령직 인수위원회가 꾸려졌다. 나는 인수위 산하 대통령취임준비위원회 대변인 겸 전문위원으로 위촉되었다. 대한민국 대통령의 취임식을 준비하는 일은, 한 나라의 정체성과 리더십의 출발을 설계하는 무대였다. 낯선 일이었고 두려운 일이었지만, 나는 하나님의 질서 안에서 '섬김의 형식'을 준비하는 마음으로 임했다.

대통령 취임식 40일간의 로드맵을 만들었고, 인수위원회 기자실에서 브리핑하는 자료와 기자실 보도자료 등 모든 일을 직접 처리했다. 내가 이런 일들을 능동적으로 처리할 수 있었던 것은 국회의원의 꿈을 안고 헌신했던 젊은 날의 경험이 밑받침되었기 때문이다. 돌아보면 하나님이 이끄시는 삶의 길엔 실수가 없다. 하나님은 그분의 때에 반드시 우리를 사용하신다.

그리고 마침내 대통령 취임식 당일. 모 방송사에서 해설위원 요청이 있어 방송 진행자와 함께 전국 생방송 해설에 나서게 되었다. 그 시간 나는 단순한 패널이 아니었다. '마이크 앞에 선 목사'였다. 그 마이크는 강단의 마이크와 닮아 있었다. 말의 무게를 아는 자만이 마이크 앞에 설 수 있고, 시대를 통찰하는 자만이 해설할 수 있다. 나는 정치 이벤트를 해석하지 않았다. 시대의 흐름을 말씀의 눈으로 풀어냈다.

짧은 시간이었지만, 하나님은 결코 나를 '그냥' 두지 않으셨다. 나는 정치 현장에서 예상하지 못한 많은 일을 경험했다. 누구도 내게 그런 계획을 보여준 적이 없었다. 그러나 하나님은 나를 이끌어 이 광야 학교에서 쉬지 않고 새롭게 빚어가셨다.

하나님은 나로 하여금 한국 정치의 한복판에서, 이전과는 전혀 다른 방식으로 부르심을 실현하게 하셨다. 아무 계획도 없었고, 아무 계산도 없었다. 그러나 하나님의 섭리는 한 치의 오차도 없었다. 일터와 사역의 경계가 흐려졌고, 복음과 정치, 신앙과 리더십이 하나의 흐름으로 이어지기 시작했다.

이제야 알겠다. 정치는 권력의 문제가 아니라 영향력의 문제이며, 리더십은 기능이 아니라 인격의 산물이며, 비전은 전략이 아니라 소명에서 흘러나오는 불꽃이라는 것을. 나는 그 불꽃을 따라왔다. 그리고 또다시 불려간 것이다.

다시, 순례자의 걸음으로

대통령 선거 과정, 취임식 준비 그리고 방송 해설 무대까지…모두 예상하지 못한 하나님의 여정이었다. 그리고 나는 그 모든 과정을 통해 '정치의 계절'을 넘어선 새로운 질문 앞에 서게 되었다.

나는 여전히 배운다. 하나님은 결코 나를 '그냥 두지' 않으신다. 그리고 나는 이제야 안다. 비전이라는 말로 설명할 수 없는 그러나 나를 움직이게 했던 그 불길은 결국 '부르심'이었다. 이제 나는 묻는다. 이 시대를 위한 비전은 무엇인가. 다음 세대를 위한 리더십은 어떤 얼굴이어야 하는가.

그리고 나는 다시 순례자의 걸음을 내디딘다.
이 시대를 위한 하나님의 비전은 무엇인가?
리더십은 어떻게 신앙 안에서 회복될 수 있는가?

나는 오늘도 묵상한다. 내가 가야 할 길은 여전히 남아 있고, 내가 전해야 할 이야기는 아직 끝나지 않았다고. 그러니 나는 다시 순례자의 걸음으로 나아간다. 마이크가 있는 곳이든, 광야가 있는 곳이든, 하나님의 부르심이 있는 그 자리를 향하여.

33

뜻밖의 길, 외교의 문이 열리다
- 대한민국 최초로 목사가 특임공관장이 되다

나는 소파에 얼굴을 묻고 울었다. 그 눈물은 오랜 광야의 끝에서 솟아난 샘물이었다. 그것은 약속이 현실이 되는 순간, 하나님의 손길이 삶 위에 선명히 그려지는 순간이었다. 나는 지금 대사라는 이름으로 휴스턴에 서 있다. 그러나 내 마음은 여전히 목사다. 나는 하나님의 대사로 이곳에 왔다고 믿는다. 내가 걷는 이 길은 정치의 길이었고, 한때는 목회의 길이었으며, 지금은 사명의 길이다. 이 모든 길 위에 하나님의 부르심이 있었다.

광야 끝에서 들려온 이름, '대사'

하나님은 인간에게 질문하지 않으신다. 그는 광야로 불러내시고, 그곳에서 자신의 침묵으로 답하신다. 나는 그 광야를 지나왔다. 정치의 열망에서 목회의 침묵으로, 사람의 박수에서 하나님의 속삭임으로.

대통령 취임식이 성공적으로 이뤄졌다. 화려한 무대와 언론의 조명이 세상을 비추던 날, 나는 조용히 무릎을 꿇고 있었다. '새 포도주는 새 부대에'라는 말처럼, 새 정부가 새로운 틀을 짜는 동안 나는 오래된 기도 한 편을 다시 꺼내 읽고 있었다.

"하나님, 혹 나에게도 다시 한번 비전의 문을 열어주신다면, 제 욕망이 아니라 당신의 소명을 따라 걷게 하소서."

사람들은 정치를 권력이라 말하지만 나는 그것을 강단이라 여겼다. 국회는 또 하나의 교회요, 국민을 위한 입법은 이 땅의 기도라 믿었다. 그러나 세상의 시스템은 그렇게 낭만적이지 않았다. 말씀이 사람을 바꾸듯 정직한 의도가 나라를 바꿀 수 있다고 믿었지만, 그 믿음은 여러 번 부서졌다. 정치는 나를 잠시 사용했고, 하나님은 나를 영원히 빚고 계셨다.

8월 여름 어느 날, 외교부에서 전화가 왔다. "주휴스턴 총영사로 추천되셨습니다."

나는 전화를 들고도 한참을 말하지 못했다. 광야의 시간들이 파노라마처럼 스쳐 지나갔다. 뉴욕 선교사의 집, 겨울밤의 차가운 골방, 기도 중에 떨어지던 눈물 한 방울. 그 모든 침묵의 밤들 끝에 하나님의 이름이 불리었다. '대사'라는 이름으로. 믿기지 않았다.

정치의 문이 닫히던 그날, 하나님은 내게 말씀하셨다.

"이 길은 네 길이 아니란다."

나는 그 음성에 순종했고 모든 것을 내려놓았다.

그래서 이 부르심은 이해보다도 더 깊은 수용이자 붙들림이었다. 하나님은 왜 내 손을 다시 드셨는가? 무너진 벽돌 위에 다시 무언가를 지으시려는 것인가?

2개월간 이어진 인사 검증은 단순한 행정 절차가 아니었다. 내게는 또 하나의 성찰이었다. '나는 지금 무엇을 위해 이 자리에 서려 하는가?' 나는 매일의 검증을 기도로 바꾸었다. 검증이 심장을 향할 때 나는 마음을 바쳤고, 서류가 과거를 추궁할 때 나는 미래를 기도했다.

그리고 2022년 10월의 어느 날, 외교부에서 다시 걸려온 전화.

"축하드립니다, 대사님. 주휴스턴 총영사로 확정되셨습니다."

그 순간, 나는 말없이 소파에 얼굴을 묻고 울었다. 이 눈물은 오랜 세월 저장된 하나의 감정이었다. 나는 정치의 문이 닫힐 때 울었고, 광야에서 이름 없이 살며 울었고, 고국으로 돌아오며 또 울었다.

그러나 그날의 눈물은 달랐다. 절망의 눈물이 아니었다. 그것은 성취가 아닌 '해석'의 눈물이었다. 하나님께서 과거의 모든 좌절을 하나의 의미로 엮어주신 날, 그 눈물이 내 눈동자에 찬란히 고였다. 하나님은 광야에서 내 언어를 지우셨고, 이제 다시 한 단어를 써주셨다.

'대사.'

그것은 단지 외교적 직책이 아니었다. 나는 대한민국 최초의 '목사 특임공관장'이 된 것이다. 나는 깨달았다. 이방 땅에 파송된 하나님의 사람, 또 하나의 이름, '하나님의 대사.'

나는 다짐했다. 텍사스로 나아가는 것은 정부의 외교관으로서지만, 나는 그 땅에서도 하나님의 대사로 살아가리라. 예전 목회에서 다하지 못한 사명의 빚을 이 땅에서 다시 갚으리라. 사람을 위한 협상이 아니라, 하나님을 위한 중보자로 살아가리라.

2023년 1월 6일.

나는 다시 태평양을 건넜다. 비행기 안에서 성경을 펼쳤다. 처음 태평양을 건널 때 하나님께서 주신 약속의 말씀이다. 나는 이 약속의 말씀에 의지해 광야의 길을 걸었다.

이사야 43장 19절.

"보라 내가 새 일을 행하리니 이제 나타낼 것이라

너희가 그것을 알지 못하겠느냐?

내가 광야에 길을, 사막에 강을 내리라."

도착하자마자 들이마신 휴스턴의 공기는 낯설면서도 따뜻했다. 지역은 다르지만 미국 땅은 한때 나의 상처를 묻었던 땅이었고, 이제는 기도 위에 다시 걸음을 딛는 사명의 현장이 되었다. 나는 공항 대합실을 지나며 다시 한번 다짐했다. "정부의 외교관이자 동시에 하나님의 대사로 이 땅을 섬기겠습니다."

마침내 알았다. 이 부르심은 단지 '대사'가 아니라, 하나님의 뜻을 품고 살아가라는 '사명자'로의 초대라는 것을. 그러므로 아픔도, 실패도, 그 모든 눈물도 헛되지 않았다. 그것들이 모두 이 부르심을 위한 준비였음을 믿는다.

지금 나는 휴스턴 한복판에 서 있다. 내가 겪은 모든 길 위에 하나님의 손길이 있었음을 고백하며, 오늘도 나는 그 부르심을 따라 살아간다. 정치로 세상을 바꾸려 했던 내가, 이제는 기도로 사람의 마음을 움직이려 한다. 세상 직책은 외교관이지만, 나는 사명자다. 이 땅에 파송된 한 영혼으로서 그 누구보다 낮은 자세로, 그러나 가장 높은 하늘을 바라보며 살아가리라.

34

심방외교:
마지막 사명의 자리에서

돌이켜보면 하나님은 목회와 외교의 경계를 허무셨다. 나를 부르신 자리는 바뀌었지만, 나의 정체성은 바뀌지 않았다. 나는 여전히 복음의 사람이다. 광야에서 배우고, 교회에서 훈련받고, 외교 현장에서 섬기며 살아가는 나의 마지막 고백은 이것이다. 나는 목회자가 아니지만 하나님의 사람으로, 하나님의 대사로 '심방외교'를 살아내고 있다.

VCR, 나의 심방외교

외교는 단지 조약을 맺고, 행사를 주관하고, 만찬을 베푸는 일이 아니다. 내게 외교란 'VCR'이다. 내가 목회자의 기억을 품고 외교관의 길을 걷게 되었을 때, 하나님은 이 세 글자를 가슴에 새기게 하셨다.

V: Visiting — 방문의 외교

길 위에서 외교는 시작된다. 사무실 책상 앞이 아니라, 먼 도시의 낯선 한인 마트 옆, 작은 교회 마당에서부터 진짜 외교는 시작된다. 나는 관할지역—텍사스, 아칸소, 오클라호마, 루이지애나, 미시시피—을 발로 뛰었다. 때로는 몇 시간을 운전하고, 때로는 비행기를 타고. 내가 만나는 이는 현지 정치인이거나 한인 사업가이거나 외로운 이민자들이었다. 나는 그들을 찾아갔고, 그들이 있는 곳에 함께 머물렀다. 이것이 나의 Visiting이다. 목회자의 심방처럼, 먼저 찾아가는 외교.

C: Caring — 돌봄의 외교

그들의 이야기를 듣는다. 기업의 고충, 가족의 갈등, 외로움의 침묵. 총영사의 직책이 국가를 대표하는 자리라면, 그 무게만큼 마음도 함께 지녀야 한다. 어떤 날은 주정부 고위 관계자와 회의를 마치고, 밤늦게 휴스턴으로 돌아와 동포들의 모임에 참석해 위로와 격려의 말을 전한다. 행사장에서 기도를 원하는 동포가 있으면 그들을 위해 기도하며 용기를 심어준다. 어떤 날은 이민 교회를 방문해 성도들과 예배를 드리고 이민자의 삶을 나누고 기도한다. 때로 이민 교회의 성도들과 나눈 기도를 기억하며 눈시울이 붉어진다. 이 돌봄(Caring)은 단순한 제도적 지원을 넘는다. 그것은 사람을 향한 마음의 사역이다.

R: Restoration — 회복의 외교

외교는 갈등 사이를 걷는다. 불신과 오해, 단절과 거리. 그러나 나는 믿는다. 진심 어린 방문과 돌봄은 결국 관계를 회복시킨다. 국익을 위한 네트워크를 만들면서도 나는 복음의 회복을 생각한다. 이민자의 마음속에 꺼져가는 믿음의 불씨가 다시 타오르는 것을 보는 것, 이것이 내 외교의 궁극적 목표다. 'Restoration'은 관계만이 아니라 영혼까지도 회복하는 것이다.

이렇게 Visiting, Caring, Restoration은 내가 살아낸 외교의 세 가지 언어요, 동시에 목회자였던 내가 붙든 신앙의 방식이다. 그래서 나는 이것을 '심방외교'라 부른다.

나는 미국장로교에서 안수를 받은 목사다. 뉴저지와 펜실베이니아에서 이민 교회를 섬기며 눈물겨운 심방의 사역을 감당했다. 늦은 밤, 성도의 집을 방문해 눈물로 기도했던 그 시절을 지나 오늘, 외교관의 이름으로 다시 이민자의 삶 한가운데 서게 된 것은 결코 우연이 아니었다. 하나님은 나를 보내셨고, 다시 그들의 곁에 서게 하셨다.

그 결과, 나의 외교는 단지 국가 간의 이익을 조율하는 일이 아니라, 영혼을 품는 일이 되었다. 이민자의 눈물에 귀 기울이고, 교회의 기도에 응답하고, 복음이 다시 숨 쉴 수 있도록 토양을 다듬는 일이다.

이것이 바로, 광야의 학교를 거쳐 내가 살아내고 있는 복음적 외교, 심방외교다.

그리고 나는 여전히, 그 길 위를 걷고 있다.

『나는 텍사스 1호 영업 사원입니다』

나는 스스로를 '텍사스 1호 영업 사원'이라고 부른다. 물론 텍사스뿐만 아니라 관할지역 모두를 위한 영업 사원이다. 내가 이 호칭을 좋아하는 것은 나의 '심방외교' 철학을 가장 명료하게 설명하는 표현이기 때문이다. 관할지역의 한인동포들, 현지 기업들과 주재원 그리고 이민 교회와 관할지역 주정부와 주의회, 국익과 관련한 다양한 기관들을 방문하고 현안을 협의하고, 동포사회를 돌보는 일들은 끝이 없다. 이 모든 일을 감당하기 위해서는 '영업 사원'의 자세로 발로 뛰어야 한다.

나는 지금 목회자가 아니다. 그러나 여전히 말씀을 품고 살아간다. 단지 설교단 대신 외교 현장이 나의 강단이 되었을 뿐이다. 2023년 1월 6일, 나는 휴스턴 총영사로 부임했다. 그날 이후, 내 삶은 다시 광야로 들어서는 발걸음이었다. 지친 동포의 삶이 있는 곳, 외로운 이민의 골짜기마다 하나님은 나를 보내셨다.

텍사스, 아칸소, 오클라호마, 루이지애나, 미시시피. 이 다섯 주의 수많은 도시와 마을에서, 나는 복음을 말하지 않았지만 복음처럼 살아야 했다. 말보다 마음이 먼저였고, 명령보다 섬김이 우선이었다. 이것은 단순한 외교활동이 아니다. 그것은 마음을 만지고, 영혼의 언어로 다가가는 일이다. 나는 단 하루도 온전한 휴식을 누리지 못한 채 이 사역을 3년 가까이 이어왔다. 그러나 그것은 기쁨이었다. 이민자의 눈물을 닦아주는 것이야말로, 하나님께서 내게 맡기신 가장 뜨거운 사명이기 때문이다.

세상의 질서 속에 살지만 하늘의 질서를 좇고자 하는 그 긴장 속에서 나는 매일 기도했다. 돌이켜보면 하나님은 목회와 외교의 경계를 허무셨다. 나를 부르신 자리는 바뀌었지만, 나의 정체성은 바뀌지 않았다. 나는 여전히 복음의 사람이다. 광야에서 배우고, 교회에서 훈련받고, 외교 현장에서 섬기며 살아가는 나의 마지막 고백은 이것이다.

나는 목회자가 아니지만 하나님의 사람으로 '심방외교'를 살아내고 있다. 나는 텍사스 1호 영업 사원이다. 그리고 그것으로 충분하다. 왜냐하면 하나님은 언제나 자리를 통해 사명을 주셨고, 나는 그분의 손에 붙들려 여전히 그 길을 걷고 있기 때문이다

광야 끝에서 다시, 부르심을 듣다

오래도록 나는 '목회'를 떠났다고 생각했다. 그러나 이제야 깨닫는다. 하나님은 내가 떠나온 자리에 계셨고, 내가 서 있는 자리에도 여

전히 계셨다는 것을. 광야는 끝나지 않았다. 그저 모양만 달라졌을 뿐이다.

총영사의 이름으로, 대사의 직책으로, 나는 복음의 마음을 품고 오늘도 떠난다. 국경을 넘고, 도시를 지나, 사람의 마음으로 들어간다. 그곳에서 나는 여전히 하나님의 사람으로 살아가고 있다. 이 사명의 길은 고요하고도 외롭다. 그러나 그 외로움 속에서 들려오는 하나님의 속삭임이 있다: "내가 너를 여기에 세웠노라. 목회가 아니라도 복음은 너의 삶으로 흘러가게 하리라."

이제 나는 안다. 복음은 직함이 아니라 정체성에서 나오는 것임을. 그래서 나는 오늘도 마음으로 심방하고, 기도로 외교하며, 삶으로 복음을 살아낸다.

이것이 나의 마지막 사명,
그리고 아직 끝나지 않은,
하나님의 이야기다.

35

Way Maker,
그분이 길이시다

길을 만드는 것은 내가 아니었다. 나는 단지 물 위를 걷는 심정으로, 눈에 보이지 않는 한 걸음을 내디뎠을 뿐이다. 마치 밤하늘을 가로지르는 별빛처럼, 희미했지만 방향을 가리키는 그분의 인도하심이 내 모든 여정을 관통하고 있었다.

길은 원래부터 거기에 있었던 것이 아니다. 아무도 가지 않은 땅에 발자국 하나 찍는 순간 그것은 길이 된다. 뒤이어 누군가 그 발자국을 따라가면 그것은 흔적이 되고, 반복되는 걸음 끝에 사람들은 그것을 '길'이라 부른다. 그리고 내게, 그 길의 시작과 끝, 갈피와 방향은 언제나 하나님이셨다.

돌이켜보면 내 삶은 지도에 없는 여정이었다. 나는 이정표보다 음성을 좇았고, 목적지보다 손길을 의지했다. 젊은 날 가슴에 품었던 정치의 꿈, 미국에서의 신학 공부, 고독한 광야 같은 선교사의 집 그리고 다시 돌아온 한국 땅에서의 정치, 언론, 저술과 외교 현장까지 그 모든 여정은 하나의 궤적을 그리며, 한 손에 이끌린 길이었다. 사람들은 그 길을 '우연'이라 부르지만 나는 그것을 '섭리'라 고백한다.

어느 깊은 밤, 관저 거실에서 기도하다가 문득 떠오른 찬양이 있었다.

"Way Maker, Miracle Worker, Promise Keeper, Light in the Darkness - My God, that is who You are."

눈을 감고 부르던 그 순간, 나는 내 인생의 모든 전환점마다 하나님께서 길을 만들어내셨음을 비로소 깨달았다. 인간의 한계와 불확실성, 실패와 두려움 속에서도 그분은 끊임없이 나를 위해 길을 내셨다. 아니, 그분 자신이 곧 길이셨다.

길은 곧 그분의 성품이었다. 어두운 곳에서 빛이 되었고, 막힌 자리에서 문이 되었으며, 좌절 속에서 약속이 되셨다. 그분은 단지 나를 향해 "이리 오라" 말씀하신 분이 아니었다. 그분이 곧 길이셨다. 그분이 직접 나와 함께 그 길을 걸어내셨다.

이제야 나는 이해한다. 하나님은 목적지를 알려주지 않으셨다. 대신 자신을 보내셨다. 길보다 더 확실한 인도, 지도보다 더 정확한 손길은 바로 예수 그리스도, 나와 함께 걸으시는 '길 그 자체'이셨다.

예수께서 "내가 곧 길이요 진리요 생명이니"(요한복음 14:6)라고 하신 말씀은 더 이상 추상적인 신앙고백이 아니었다. 그것은 피 묻은 걸음으로 사막을 지나며 체득한 진리였다. 때론 두려움 속에서 내디딘 발걸음이 절벽이었지만, 그 아래에서 내 발을 받치고 계셨던 분도, 절벽 너머로 다리를 놓으셨던 분도, 길 위에서 마주친 '뜻밖의 사람들'을 보내신 분도, 모두 동일하신 그분이셨다.

나는 이제야 알게 되었다. 내가 선택한 길이 아니라, 그분이 나를 위해 준비하신 길이 진정한 길임을. 그리고 그 길은 고통과 좌절을 피하는 길이 아니라, 그 속에서 주님을 더욱 깊이 만나는 길이었다. 광야의 외침 속에 길이 있었고, 침묵의 시간 속에 말씀하시는 하나님의 음성이 있었다. 하나님의 방식은 언제나 낯설지만, 한 치의 오차도 없는 완전한 동행이었다.

삶이란 광야 위의 나그넷길이다. 인생의 갈피마다 우리는 때로 물 없는 땅을 지나고, 불기둥도 구름 기둥도 보이지 않는 밤을 만난다. 그러나 그 속에서도 하나님은 일하신다. 우리가 보지 못해도, 느끼지 못해도, 그분은 여전히 길을 내고 계신다. 믿음이란, 그 길이 없어 보일 때에도 걷는 것이다.

이제 나는 다시 길 위에 선다. 여전히 앞길은 보이지 않지만, 더 이상 두렵지 않다. 내 길을 여시는 분, 광야에 길을 내시고 사막에 강을 내시는 분(사 43:19), 그분이 함께하시기에. 세상이 주는 확신이 아닌, 하나님의 침묵 속에서도 붙드는 신뢰. 그것이 내가 선택한 믿음이다. 주님은 나의 길을 만들어오셨고, 앞으로도 만들어가실 것이다. 내 인생의 가장 확실한 고백은 이것이다.

"그분이 길이시다."

에필로그

나는 길 위에 있었고, 하나님은 그 길이셨다

"길 끝에서, 다시 길이 시작되었다."

인생의 여로를 돌이켜보면, 때로 우리는 길을 걷는 것이 아니라 길에 끌려갑니다. 저 역시 그랬습니다. 정치의 회랑, 불 꺼지지 않는 회의실, 명함보다 더 무거운 책임감 하나로 세상을 지탱한다는 착각에 빠져 있었습니다.

조명이 있었지만, 그곳에 빛은 없었습니다. 찬란해 보였던 순간들은 하나같이 짧았고, 그 찬란함이 지나간 자리에 남은 것은 오히려 깊고 긴 침묵의 골짜기였습니다.

나는 어느 날, 이정표 없는 길에 멈춰 섰습니다. 그때는 몰랐습니다. 계산이 멈추고, 전략이 무너질 때 비로소 들리는 소리가 있다는 것을.

미국의 어느 낯선 도시, 남몰래 눈물로 젖은 기도의 골방에서 나는 들었습니다. 내 이름을 부르는, 이 세상의 언어가 아닌, 어디서부터 왔는지 모를 그 음성.

"너는 나의 것이다."

그 한마디가 심연 깊숙이 떨어졌고, 그곳에서 비로소 물이 솟았습니다. 그 물은 이성으로는 설명할 수 없었고, 논리로는 닿지 않는 자리에서만 마실 수 있는 생수였습니다.

그날 이후, 나는 다른 길을 걷습니다. 광야는 여전히 메마르고 가시는 여전히 발을 찌릅니다. 하지만 더 이상 외롭지 않습니다. 이 길은 내가 만든 길이 아니라 나를 부르신 분이 먼저 걸으신 길이기에. 내가 "예"라고 대답한 순간, 사실은 모든 것을 내려놓은 순간이었습니다. 그러나 내려놓음은 곧 시작이었습니다.

이 책은 그 시작의 기록입니다. 무너짐 속에서 울었고, 그 울음 끝에서 다시 찬양을 배웠습니다. 혹시 지금, 당신도 그 울음의 밤을 지나고 있습니까. 기도는 닿지 않고, 하나님의 침묵만이 전부처럼 느껴지는 시간.

그러나 기억하세요. 하나님은 광야에서 사람을 부르십니다.

가장 조용한 곳에서, 가장 분명한 음성으로.

그 부르심에 당신도 "예"라고 대답하기를.

그것이 곧 새로운 길의 시작입니다.

광야에도 길은 있다

다시 시작된 사명과 비전의 길

1판 1쇄 인쇄 _ 2026년 2월 5일
1판 1쇄 발행 _ 2026년 2월 10일

지은이 _ 정영호
펴낸이 _ 이형규
펴낸곳 _ 쿰란출판사

주소 _ 서울특별시 종로구 이화장길 6
편집부 _ 745-1007, 745-1301~2, 747-1212, 743-1300
영업부 _ 747-1004, FAX 745-8490
본사평생전화번호 _ 0502-756-1004
홈페이지 _ http://www.qumran.co.kr
E-mail _ qrbooks@daum.net / qrbooks@gmail.com
한글인터넷주소 _ 쿰란, 쿰란출판사
페이스북 _ www.facebook.com/qumranpeople
인스타그램 _ www.instagram.com/qrbooks
등록 _ 제1-670호(1988.2.27)
책임교열 _ 김준표·박은아

 ISBN 979-11-24013-59-5 03230

책값은 뒤표지에 있습니다.

파본(破本)은 구입처에서 교환해 드립니다.